明治図書

1年間
まるっと
おまかせ！

小6担任
のための
学級経営
大事典

『授業力&学級経営力』
編集部

JN043596

イントロダクション
小6担任の学級経営
3つの鉄則

京都府公立小学校 **坂本 良晶**

1 行動や学びの意味を見いだせるようにする

「先生，これ何のためにするん？」

6年生にもなると，子どもたちは学ぶ意味を見いだそうとします。このような質問を受けることもしばしばです。ただただ授業を受けて，ただただテストを受けて…という繰り返しに意味を見いだせない子どもがいるのは当然のことだと感じます。

そのときに，「そういうもの」という押し付けをしてしまうと，多感な子どもたちの心は離れていってしまうかもしれません。そうなると学級の雰囲気も悪くなってしまうでしょう。

学校生活において多くの時間を占めるのが「授業」です。その授業の中で学級の子どもたちが学ぶ必然性にドライブされ，教室で躍動する，そのような授業をつくることが，学級経営における最強のカードになると考えます。

私は，GIGA スクール構想が始まって以降，1人1台端末を活用することによる「プロジェクト化」を打ち出し，継続して実行してきました。プロジェクトというと仰々しいですが，最もシンプルな形は発表会です。例えば運動会は日頃のがんばりを見てもらうプロジェクトで，音楽発表会は歌や合奏の成果を見てもらうプロジェクトだといえます。

2　教科の学習をプロジェクト化していく

　同じように，通常の教科学習をプロジェクト化していくことで，子どもた
ちには確かな目的意識と相手意識が生まれます。そのプロジェクト達成のた
めに子どもたちが協働的に活動していくという一連の学びの営みは，子ども
同士の関係性をよりよいものへと導いていくと，私自身の経験からも感じて
います。

　６年生というと多感な時期です。否が応でもまわりを意識し，疑心暗鬼に
なりがちです。同じ教室の中にいても，接点がない状態になることもあるで
しょう。しかし，そんな中でも何か共通の目的があり，協力し合うシーンが
連続的に発生することで，コミュニケーションが生まれます。

　単純接触効果（ザイオンス効果）というものをご存じでしょうか。これは
心理学の用語で，コミュニケーションの回数が増えるほど相手に対する印象
がよくなっていくというものです。

　これまでの一斉授業ベースでの学級規律の場合，子ども同士が自由に話し
合うようなシーンは指導者側が意図しないと生まれませんでした。勝手に喋
ることは許されなかったからです。

　しかし，常に子ども同士が協働し，話し合いながら活動していくようなあ
り方へシフトすれば子ども同士の関係性にポジティブな効果を与えることが
できます。それは学級経営をよりよいものにしてくれるでしょう。そうなる
と，自然と理想とする教室のあり方は変わっていきます。私は「子どもたち
がつながり合う活動が常時的に表出する教室」と，自分なりに結論づけてい
ます。そういった学びの姿を価値づけることを意識し続けました。

3　子どもたち同士で向かい合って学ぶ時間を増やす

　全員が前を向いて教師の話を聞く時間は最小限にし，子どもたちが向かい
合って学ぶ時間を最大限にしていく。そんなあり方を目指す学級経営につい

ての具体例を，実際の様子とあわせてお伝えしていきます。

①国語の授業をプロジェクト化

　難解とされる国語の物語教材「やまなし」では，チームごとに協働してオリジナルの幻灯を創作する活動をしました。使用したツールは Canva のスライドです。

　宮沢賢治さんの作風をまずは知ることから。表現技法に着目してチームのみんなで読み取りをします。そして，好きな月を選び，カニの兄弟を主役にし，宮沢賢治さんの作風をオマージュして創作し，できた幻灯を VR 空間に配置してシェアしました。クラウドでの共同編集機能を活用することにより，子どもたちの話し合い活動は活発化していきます。

②社会の授業をプロジェクト化

　６年生の社会科では多くの時間を歴史の学習に費やします。しかし，どうしても教え込みや暗記といった要素が多くなりがちでした。

　そこで，単元の最後に「クイズプロジェクト」というゴールを設定します。これは教育用クイズ Kahoot! でグループごとに歴史上の人物をテーマにクイズを作問するものです。ここで作成されたクイズは一般公開されるため，日本中の６年生に歴史の学習クイズをしてもらうという相手意識と目的意識が芽生え，プロジェクトへの意欲につながります。

③音楽の授業をプロジェクト化

　勤務校では，伝統的に６年生のクラス全員で「三宅太鼓」という太鼓の演奏をしていました。ここでも子どもたちがチームごとに分かれてテーマを設定し，自分たちで考えたリズムでの打ち方を創作しました。

　発表会に向けて，よりよい演奏を全校の児童や保護者に聞いてもらおうという相手意識や目的意識が芽生えます。また，協働的に創作を進めることでたくさんの話し合いが起き，意見を伝え合い，互いに教え合う姿が見られる

ようになります。

④体育の授業をプロジェクト化

運動会の表現運動では，ダンスとフラッグに取り組みました。いずれも子どもたちが中心となり，曲や振り付けを協働して考えます。

6年生の子どもたちはこれまでの6年間の学校生活でたくさんのことを学んできたのです。教師が示した通りの演技で終わらせることは非常にもったいないと考えます。せっかくの成長を発揮する舞台で，子どもたちが自分たちで考え，自分たちでつくり上げたものを表現してこそ，真の成長だと確信しています。

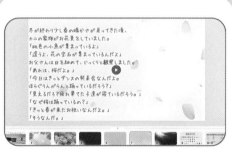

①Canvaで作成したオリジナルの幻灯

②「クイズプロジェクト」で
公開したクイズ

③太鼓の練習に打ち込む様子

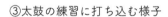

④曲や振り付けを
協働して考える子どもたち

CONTENTS
もくじ

4月の
学級経営の
ポイント

1 「6年生として」を意識させつつ，一人ひとりの気持ちに寄り添う

　6年生の学級開きは「攻め」より「守り」を意識してください。1～4年生と違い，どの学校でも高学年は「高学年らしく」が求められます。特に6年生は行事や諸活動の中で「6年生らしく」ふるまうことが，すでに学校内で暗黙の了解になっています。6年生にもなれば，すでに子どもたちもよくわかっています。そこで私は次のように話します。

　「6年生は最高学年です。今年はたくさんの行事や委員会，縦割り班活動でリーダーになりますね。1年生も入学してくるので，ぜひ1年生に優しくできる6年生になってほしいです（攻め）。しかし，苦手，嫌だなと思う気持ちは当然あるでしょう。先生はそういうがんばりの裏側にある一人ひとりの気持ちを大切にしたいなと思っています。先生が『6年生らしく』と言うのは，『人生で一度は人前でリーダーシップをとる経験』を積んでほしいという意味でもあります。6年生を経験できるのは人生に一度だけ。苦手だなと思う人も，これも一生のうちの一度きりの勉強だなと思ってくれたら嬉しいです（守り）…」

2 目に見えない細かい仕事を見つけさせ，どんどんほめる

　6年生で本当に大切なのは，書かれていない部分・目につかない部分にどれだけ気づけるかにあります。例えば，体育館で行事があるなら6年生が先に行き窓を開ける，1年生が困っていたら声をかけて教室まで連れていく，階段が汚れていたら掃除する…というような学校の「計画」には書かれていない部分です。こういう細かい部分が「6年生として」立派になれるかの分水嶺です。こうした仕事に対し，子どもたちが「自ら気づき，自らの判断で行動する」態度を養うのが大切です。教師から指示されて嫌々やる…のでは逆効果です。そこで，自分から気づいてほしいことの大切さを伝え，積極的に行動することを奨励します。たとえ失敗したり望まれない行動になったりしても，善意で行動したならば，失敗を咎めずに大いにほめるようにします。

　あくまでも「教師の思い通りに動けるように」「絶えず大人の顔色をうかがって行動するように」という意味ではないので，教師の明確な判断基準・指導のスタンスが重要になってきます。

3　行事や委員会などの特別活動を　学級経営に生かす

　6年生の4月はものすごく忙しいです。思いつくだけでも，新任式，入学式，1年生を迎える会，委員会の長決め，縦割り班活動の計画…と児童会を含めると盛りだくさんです。毎週行事があり，とても気がまわらないかもしれませんが，事前・事後指導をしっかりと行い，学級経営に生かしてください。例えば入学式ならば「6年生として1年生とどう接したいか」，委員会ならば「委員長や副委員長に立候補してみないか」など，ちょっとした声かけでもいいのです。子どもたちが各活動の趣旨をよく理解したうえで参加できるよう支援してください。

4　どのクラスの担任も　「学校運営」の意識を忘れずにもつ

　読者の多くは学年主任ではないでしょう。もしかしたらはじめての6年担任で手一杯かもしれません。しかし，6年生の業務量は主任1人でこなせるものではありません。必ず「自分が主任になったつもりで」職員会議や計画の立案に携わりましょう。6年生は個々の学級経営よりも，チームとしての協力が成功のカギです。また，数多い行事で教師がしっかり立ちまわっている姿を子どもたちに見せられれば，それは教師の信頼に直結します。6年生はそういう教師の姿をよく見，口にはしませんが絶えず評価をしています。

（須永　吉信）

4
月

春休み「やることリスト」

1 3月中にやること

①学年・学校単位でやること

- 学年の経営目標，経営方針の検討
- 校務分掌，学年分掌の引継ぎ，割り振り，組織図作成
- 校務分掌，学年分掌に関わる新年度の日程の確認
- 年度はじめに提案する資料の検討，作成
- 学年通信のレイアウト作成
- 教室，廊下，ロッカー，靴箱，傘立てなどの清掃
- 指導要録などの帳簿類の確認
- 職員座席決定

　春休み，とりわけ3月は新年度を余裕をもって迎えるための貴重な準備期間です。6年生はクラス替えもなく，事務的な作業は比較的少なくて済みますが，学年の経営目標や学年全体で統一するルールなどについて，前年度の実態を振り返りながら再検討する作業は不可欠です。継続した方がよい部分については更なる向上を目指し，見直しが必要な部分については確実に改善できるようにします。校務分掌については，前担当から確実に引き継ぎ，年度はじめにすぐに提案できるよう指導部の先生方と情報共有しながら準備を進めます。4月に入ると，年度はじめの会議に加えて，転入者や新規採用の先生方への対応もあり，学年・学校運営に関連する事務的な仕事に費やせる時間は限られてきます。3月のうちに見通しをもって仕事を進めましょう。

②学級担任としてやること

・現担任としての指導要録，出席簿等の諸帳簿の作成，提出
・学級開きの演出の検討
・最初の１か月の流れの確認
・学級通信のレイアウト作成
・日直，給食，清掃，当番・係活動などの学級システムの検討
・学級通信，学年通信，給食だより等の掲示ファイル準備
・給食・掃除当番表の枠作成

　学年・学校単位で取り組むことと同様，学級担任として現年度に関する年度末の作成物，提出物には早めに取りかかり，提出を済ませてしまいましょう。こうして事務的な仕事を進めながら，４月の学級開き，学級づくり，授業づくりの構想をじっくりと練ることが重要です。

　６年生の場合，クラス替えがない分，５年生までと同じ人間関係で気心が知れている反面，馴れ合いや緩みが生まれやすい環境にあります。また，第二次性徴期に入って心も体も大きく変化し，多くの児童が思春期を迎えます。急に大人びる児童が増え，５年生までとはまったく違った学級の雰囲気になることも珍しくありません。特に，女子への対応を誤ると学級全体の秩序に影響します。最高学年としての自覚と自信をもたせながら，一人ひとりの変化を認め，受け容れて丁寧に対応していくことが重要となります。

　また，６年生は学校のリーダーでもあり，卒業を迎える学年でもあります。よりよい学校づくりを先頭に立って担いながら，小学校生活を締め括る１年でもあるという意識を学校生活の様々な場面で育むことが重要です。こうした視点を５年生までの学級づくりの土台の上に盛り込みながら経営方針を検討しましょう。こうして検討を重ねながら，「こんな準備が必要だ」「この時期にこんな活動に取り組ませたい」といった具体的な道筋を描いておくと，４月からの学級経営の目標，ビジョンがよりはっきりとしていきます。

2 4月に入ってやること

①学年・学校単位でやること

- 担任団の顔合わせ，学年昼食会
- 学年の経営目標，経営方針の共有
- 指導部における校務分掌，学年における学年分掌の内容の共有
- 新年度最初の学年集会の計画，役割分担
- 専科の授業，合同授業（体育など）の調整を経て時間割作成
- 学年で使用する共通教材，消耗品等の発注
- 新年度最初の配付物の準備と回収書類の確認
- 学年通信の作成・印刷
- 入学式の準備と当日の流れの確認

　新年度，転入者や新規採用の職員も加わって1年の学校生活が始まります。ただでさえ慌ただしい新年度のスタートですが，自分から先生方一人ひとりに笑顔で声をかけましょう。また，学年団にもち上がりでない先生がいたら，6年生を受けもつことに不安な思いを抱えているはずです。自分の立場でできる最大限のフォローを心がけましょう。

　校務分掌や学年分掌については，正式に担当が決定したら関係する先生方と早めに内容や1年の見通しを共有しましょう。分掌によっては1日目からすぐに動き出さなければならないものや学校外で担当者会議が計画されているものもあります。見通しをもち，慌てることのないようにしましょう。

　6年生にとって，この1年は小学校生活を締め括る大事な1年です。子どもたちも保護者も学年の先生方に期待しています。学年通信で，そして最初の学年集会で「自信をもって一緒に歩もう」「胸を張って卒業式を迎えられるようにしよう」というメッセージが伝わるよう，学年で内容を練り，学年団のそれぞれの先生が果たすべき役割を確認しながら準備を進めましょう。

②学級担任としてやること

- ・学級通信の作成・印刷
- ・学級名簿の作成・印刷
- ・教室環境の整理
- ・教室のロッカー，靴箱などに児童名シールを貼る
- ・指導要録などの公簿に学年，担任名の記入
- ・健康観察シート等に児童氏名の記入
- ・座席表，時間割表，給食・掃除当番表の作成
- ・学級活動の計画
- ・学級経営案の作成
- ・学級開きの演出，最初の１か月の計画
- ・授業開きの計画

　担任する学級が決定し，子どもたちとの出会いが待ちきれない４月。気持ちが高ぶっている今だからこそ，その思いを学級開きに，そしてその後の学級づくり，授業づくりにつなげていきましょう。

　何より重要なのは「最初の１か月で学級の１年間が決まってしまう」ということです。もち上がりであってもそれは同じです。６年生は最高学年という特別な存在であり，一人ひとりが学校の顔であること，そして学校生活の様々な場面で学校全体を引っ張っていく役割と責任があることを担任の思いとともに示し，子どもたちのやる気をスタートダッシュにつなげられるように学級開きの「作戦」を練ります。学級開き初日，そしてその後の１か月の流れを文字に書き出し，自信と覚悟をもって迎えたいものです。

　ただし，あまりに期待しすぎたり，「～すべき」と責任を強調しすぎたりすると子どもたちは反発したり自信をなくしたりします。結果だけでなく過程に目を向けて伸びを認め，フォローしながら支える視点も大切にしましょう。

（鈴木　玄輝）

新年度1週間の
タイムスケジュール

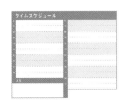

1日目

8：00	・職員打ち合わせ
8：10 ～ 8：40	・児童登校（2年生以上） ・学級ごとに健康観察 ・提出書類等の回収，今日の日程の確認 ・教室や廊下の清掃
8：50 ～ 9：35	・新任式，始業式 ・担任発表 ・入学式の流れの確認，歌練習
9：40 ～ 11：30	・入学式 ・新入学児童の補助 ・入学式終了後の後片づけ
11：40 ～ 12：10	・学級開き①（学級活動） ・担任自己紹介 ・新任式，始業式の振り返り ・学級通信第1号配付 ・明日以降の予定の確認 ・明日の持ち物等の確認
12：15	・児童下校 ・教室の整理・整頓
12：20～	・職員昼食会

13：10 〜 14：00	・指導部会 ・担当する業務内容の確認 ・今後の見通しの確認，相談
14：10〜	・学級事務

①視点をもって子どもを見る，ほめる

　最高学年としての学校生活が始まる大切な１日です。この日を迎えるまで，緊張の中で年度はじめの様々な会議や準備に追われてきたことでしょう。まずは，初日の子どもたちのあいさつや，新任式，始業式，入学式に臨む姿，そして式後の後片づけに取り組んでいる姿をよく観察しましょう。学校のリーダーという立場になり，新鮮な心持ちで行動している姿からはほめるポイントがたくさん見つかるはずです。入学式が終わるといよいよ学級開きです。担任としてはじめて子どもたちに向き合う大切な時間です。分刻みの忙しい１日ですので，子どもたちの自己紹介や担任の学級に対する願いは２日目にじっくり伝えることとし，この日は子どもたちの姿を大いにほめましょう。

②前年踏襲ではなく「一からやり直す」つもりで臨む

　ほめることに重点を置きつつも，気をつけなければならないことがあります。６年生はクラス替えがなく，担任ももち上がりということも多いでしょうが，お互いに気心が知れている分，「５年生までと同じようにやればいいんでしょう」と，前年度までの学級のしくみやルールをそのまま踏襲してしまいがちです。しかし，前年のうちに学級のしくみやルールが曖昧になっていることもあります。様々な活動の意図がぼやけていることもあります。６年生として新鮮な気持ちで新年度を迎えた子どもたちと，改めて学級のしくみやルールについて確認し，「一からやり直す」つもりで臨みたいものです。

　こうして，年度はじめから一つひとつの活動に意図的に取り組むことによって，担任と子どもたちとで「どんな学級，どんな学校にしていくのか？」という意識の共有が図られ，学級経営を軌道に乗せることにつながります。

4
月

2日目

1時間目	全校朝会 教科書配付	・校長講話，生徒指導に関わる講話 ・教科書配付，中身の確認
2時間目	学級開き②	・学級に対する担任の思い，願い ・学校のリーダーとしての心構えについて ・子どもたちの自己紹介
3時間目	国語	・国語の授業開き ・教科書の使い方の指導 ・詩の音読
4時間目	算数	・算数の授業開き ・教科書の使い方の指導 ・学習の進め方の確認
一斉下校		・明日の登校・下校時刻，持ち物等の確認 ・ロッカー，下足箱，傘立ての確認 ・通学路の確認

①努めて明るくふるまい，子ども一人ひとりに声をかける

　昨日は新任式，始業式，入学式と，子どもたちにとっても担任にとっても慌ただしい1日でした。今日から少しずつ通常の学校生活が始まります。何事も最初が肝心です。基本的な生活習慣を身につけさせ，学級の秩序をつくり出すために細かい点にも気を配りたいものです。

　まずは担任として，努めて明るくふるまうことを心がけましょう。6年生はクラス替えがないことが多いですが，最高学年という立場や，それに伴い様々な場面で求められる役割などに戸惑う子どもがいるかもしれません。そこで，朝，昇降口や教室で登校してきた子どもたちを笑顔で出迎え，一人ひとりに声をかけましょう。「昨日の入学式では堂々と歓迎のことばを言って

いて頼もしかったよ。お疲れさま」「昨日の後片づけでは，まわりの友だちをフォローしてくれてありがとう」などと感謝を伝え，ねぎらいます。こうして感謝を伝えることが，子どもの自信につながり，不安や戸惑いを乗り越えてがんばろうという意欲につながります。

②子ども同士がつながる場面を設ける

　6年生になった子どもたちを見ていると，男女間のコミュニケーションが前年以上に減ったり，友だち関係が過度に固定化したりしている場面も出てきます。そのままでは，同じ学級にいるのに「あの子とは1年間で一度も話さなかった」ということにもなりかねません。そこで，子どもたちの自己紹介にひと工夫加えます。まず「話をせずに，誕生日の早い順に輪になりなさい」と指示します。子どもたちは指で数字を表すなどしながら輪をつくります。輪ができたら1人ずつ名前と誕生日を言い，答え合わせをします。並ぶ順番が逆ということも出てくるでしょうが，笑いが生まれ明るい雰囲気になることが重要です。その後，誕生日順に4〜5人ずつの小グループに分かれ，6年生の意気込みや抱負などを紹介し合います。こうして，楽しみながらお互いのことを知ることができます。このように，偶然性で楽しくつながる場面を小まめに設けることで，子どもたちのつながりを広げていきましょう。

③整理整頓の大切さに意識を向けさせる

　初日か2日目の早い段階で，子どもたちに下足箱，ロッカーなどの確認をさせます。「皆さんは気持ちよく6年生の生活をスタートしました。でも，これから緩みが出てきます。それはまず下足箱やロッカーに現れます」，そう言って整頓をさせます。翌日は，下足箱を経由して教室に向かい，整っていたらしっかりほめて，そうでなければやり直させます。同様に，下校時に机，いすが乱雑なままの子どももいます。こちらも整頓させます。

　前年も指導してきていることであり，手を抜いてしまいがちですが，とりわけ教室環境の乱れは学級の荒れにつながります。最初の指導が肝心です。

3日目

1時間目	学級活動	・朝の会，帰りの会の指導 ・日直活動の指導
2時間目	国語	・詩の音読，読解 ・ノートの使い方の指導
3時間目	身体計測	・着替えの約束 ・整列，廊下の歩き方の指導
4時間目	給食指導	・給食当番のしくみの指導 ・配膳，後片づけの指導
給食		・事前指導の内容を基に指導
5時間目	学級活動	・当番活動の指導 ・当番活動の役割決定

①学級のしくみ，ルールづくりを行う

　学級が始まって3日目。授業も本格的に始まり，給食も始まるころです。5年生までの指導を通じて，学級の1日を子どもたちが自主的に運営していくことは，ある程度はできているはずです。しかし，改めて朝の会や帰りの会，日直・当番活動，給食当番のしくみについて確認しながら，さらなる徹底を図ります。万が一，なんらかの事情で担任が不在となっても，子どもたち自身が学級を運営できることが重要ですし，6年生にはなおさらそうした姿が求められます。最初の3〜7日間で学級のしくみやルールについて改めて確認しながら，その後の1か月間で繰り返し子どもたちに身につけさせていくことになります。

②意図説明を行う

　朝の会，帰りの会にしろ，日直・当番活動，給食当番にしろ，「なぜその

しくみやルール，活動があるのか」ということを担任として子どもたちに説明できなければなりません。５年生までもやってきたことかもしれませんが，曖昧になっていることもあるので，改めて明確に伝える必要があります。

　例えば，日直活動であれば，次のように活動の意図を説明します。

　「私は，皆さん一人ひとりが自主的にクラスを動かせるようになることを願っています。なんらかの事情で急に私がクラスに来られなくても，自分たちの力でクラスを動かすのです。それでこそ○○小学校の６年生です。そのために，日直が中心になってクラスの１日の動きを管理します。自主的にクラスを動かし，時間を大切にできるすばらしいクラスにしていきましょう」

　こうして，最初の１週間は仕事の進め方を繰り返し指導することになります。他のしくみやルールも「なぜあるのか？」「なぜ必要なのか？」を子どもたちが理解し，納得した状態で取り組めるようにすることが大切です。

③活動を「見える化」する

　活動の意図を説明し，役割分担をしただけでは子どもたちは主体的に活動に取り組めるようにはなりません。「いつ」「何を」すればよいのか，「どんな仕事がどこまで進んでいるのか」を「見える化」する必要があります。

　例えば，日直活動であれば，１日の流れを時間とともに示し，１つの仕事が終わるたびに札を裏返す日直黒板を使うと，仕事の進み具合がひと目でわかり時間意識も身につきます。仕事を忘れて

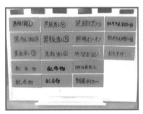

いたら，はじめのうちは担任が，その後は子どもたち同士が声をかけ合い，学級が子どもたちの力で動くようにしていきます。当番活動も同様に，赤，白両面になっているマグネットシートを使い，白色の面には子どもの名前，赤色の面には当番名を書くと当番カードが完成します。自分の仕事が終わったら自分のカードを裏返し，進み具合を「見える化」していきます。

4日目

1時間目	算数	・第1単元の学習 ・ノートの使い方の指導
2時間目	学力テスト	・国語
3時間目	音楽	・校歌の練習 ・教科書を使用した授業開き
4時間目	社会	・教科書を使用した授業開き
給食		・給食当番の指導，配膳，後片づけの指導
5時間目	学級活動	・学級目標づくり，個人目標づくり

①学級目標づくりを通して1年の方向性を具体化する

　慌ただしい3日間が過ぎ去り，ようやく落ち着くころです。引き続き学級のしくみやルールについて指導しながら，「どんな学級，どんな6年生を目指すのか」という方向性を具体化していきます。そもそも学級目標が必要かどうかという考え方もありますが，「なぜ必要か？」を考えるところから始めたいものです。さらに，6年生は最高学年として学校を牽引する立場です。どんな学級，どんな6年生で在りたいか，学校のリーダーという立場も意識させながらじっくり考え，方向性を具体化する時間を設けましょう。

②授業では全員が発言，音読する場面を設ける

　高学年になると，積極的な発言や音読を避ける子どもが出てきます。しかし，強制してはやらされ感が漂い，かえって逆効果です。そこで，授業の中にリラックスした雰囲気の中で発言できるペア学習の時間を設けたり，必ず一斉音読の時間を設けたりして，授業で声を発することを日常化しましょう。また，担任自身も子どもたちに「あれ，去年と違うぞ」と思わせられるよう，入念な準備をして授業開きに臨みましょう。

5日目

1時間目	道徳	・道徳の授業開き
2時間目	学力テスト	・算数
3時間目	理科	・教科書を使用した授業開き
4時間目	図画工作	・教科書を使用した授業開き
給食		・給食当番の指導，配膳，後片づけの指導
5時間目	体育	・整列指導，体ほぐし運動

①心も体も解放する時間をつくる

　学級のしくみ，ルール，そして委員会活動など学校運営全体に関わる指導を繰り返しながら，「縦糸を張る」場面がどうしても多くなってきます。そこで，クラス全員で心も体も解放する時間をつくりましょう。休み時間や体育の時間に，担任も一緒になって体を動かして楽しみましょう。6年生でも，鬼ごっこやドッジボールには本気でのめり込みますし，時折こうした時間を設けることが高学年にとって重要です。また，こうした時間の中で，なかなか輪に入れない子どもや，日頃はなかなか見せない意外な一面を見せる子どもの姿が見えたりします。そうした姿を把握して，その後のフォローや人間関係づくりにつなげていきましょう。

②保護者とのつながりを意図的に紡ぐ

　学級開きから5日が経ち，子どもたちの様々な姿が見えてきているはずです。学習面，行動面で気になる子どもがいた場合，保護者と早めにつながって，学校や家庭での姿を共有しておきましょう。また，6年生への進級以降，期待とともに不安な気持ちを抱いている保護者がいるかもしれません。子どもたちががんばっている姿を学級通信などで小まめに発信しましょう。

（鈴木　玄輝）

「黒板メッセージ」
のアイデア

1　卒業へのカウントダウンをする

　6年生はすべての活動において「小学校最後の○○」となり，後期になると「卒業」という言葉も多く聞かれるようになってきます。学級でのスタートは，数字を意識できるように仕掛けをします。

　黒板に，「71」「85」「51」と数字を書き，この数字が何なのかを考えます。いくつか答えが出る中で，「学校に登校する日数」というものが出てきます。答えは，学期ごとの登校日の数であることを伝え，限られた日数の中で，どのような姿で卒業したいのか考えながら過ごしていこうと話をします。

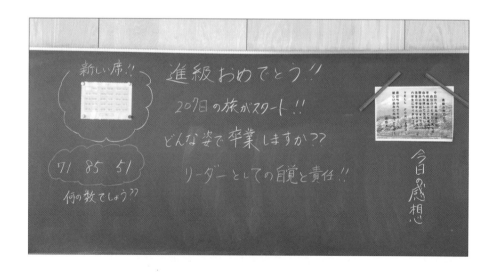

2 リーダーの自覚を促す

　最高学年としてスタートした翌日。黒板を開放し，学校のリーダーとしての自覚と責任を一人ひとりが決意表明できるようにします。

　黒板にネームプレートを貼り，その下に子どもたちが「どんな6年生になりたいのか」をテーマに自分の思いを書きます。互いの思いが可視化されるという点がポイントです。

　もちろん最高学年になったからといっても，すぐにはイメージできない子どもも数人いるでしょう。しかし，思いをもった子どもから書き始めることで，なかなか書くことができない子どもも自分の思いを確かにすることにつながっていきます。

　子どもたちの中から「全校のお手本になる」や「今までよりも責任感をもつ」「お互いに切磋琢磨して学び合う」などの声があがります。決意表明したことをしっかりと記録として残し，その後の学校生活で定期的に振り返れるように活用していきましょう。

（加倉井英紀）

027

「教師の自己紹介」のアイデア

1 「私の取り扱い説明書」を提示する

　6年生と一口に言っても，朝昼放課後ドッジボールに明け暮れる子どもがいたり，何人かで集まってドラマの話をしている子どもがいたりと様々です。思春期に入ってくる子どもたちの心はがんばっても見えない部分がどうしてもあります。

　そこで，「私の取り扱い説明書」を用いて自己紹介しましょう。「自分はこんな人間なんだ。こんなときはこう感じるし，こんなときはとてもうれしい。だからこんなふうに接してくれると私はうれしい」ということを伝えます。「なんだ先生もそうなのか」と思ってもらえたらラッキーです。そして，子どもたちにも同じように書いてもらって共有するとよいですね。

〜渡邉先生の取り扱い説明書〜

〈仕様〉
男性・長身・34歳

〈特徴〉
・好奇心旺盛なため、誰とでも仲良くなれます。
・算数が得意です。
・国語は得意ではありません。
・1年間保証で、みんなのことを守ります。

〈取り扱いにあたり気を付けること〉
・髪型や服装が変わったら褒めてあげましょう。
・仕事忙しそうなときは、がんばって！と声をかけてあげましょう。
・給食は大盛にしてあげましょう。

---

2 「自分ヒストリー」をつくって紹介する

　6年生といえば，というものの中の1つに「歴史」の学習が始まることがあげられます。歴史を学ぶうえで大切なのが，その人物がどう生きたのか，時代にどのような影響を与えたのかといった観点で学ぶことです。はじめての学習でわくわくしている子どもが多くいるでしょうから，人物にスポットを当てた学びもできるようにしていきたいですね。

　そこで，教師自身のヒストリーをつくって紹介しましょう。そして，そのヒストリーの中で自分が変化したことや影響を受けたことなどを紹介していきます。そうすることで，子どもたちも長い人生の中で，様々な変化があるのだなというキャリア教育の一環にもなります。

　そして，同じように子どもたちも自分の歴史をつくる中で，様々な変化があり，それに支えられて生きているのだなということを感じることができると考えます。

渡邊ヒストリー

33	32	22	18	16	14	6	4	3	0
・インスタグラムのフォロワーが1万人を超える。	・福岡教育大学附属福岡小学校の教員に	・教員採用試験に受かり、福岡県の教員に ・算数の研究をがんばる。	・大学で野球を始める。（ピッチャー）	・高校はほぼ剣道しかしていない。	・いつのまにか優等生キャラになる。 ・中学校で生徒会副会長となる。	・小学校がいやで泣いて母親を困らせる。	・幼稚園で初恋	・あまりにも泣くので、心を鍛えるために3歳から剣道をさせられる。	・福岡県〇〇町に生まれる。 ・ミルクの飲み過ぎにより生後6ヶ月で10kgを超えてしまう。

（渡邊　駿嗣）

029

「子ども同士の自己紹介」のアイデア

1　知っている英語表現を使って自己紹介をする

子どもたちは5年生で，英語を使った自己紹介を練習しています。

"My name is 〜." "I like 〜." 以外にも，"Please call me 〜." や "My favorite is 〜." などの簡単な表現を例示して，考えさせるといいでしょう。

事前に英語で自己紹介をすることを伝え，宿題で内容を考えさせるようにすると，子どもたちの力に応じた文章になると思います。その際，難しい表現は友だちに伝わりにくいということを確認し，なじみの薄い表現をすることのないよう気をつけさせます。

全員の前で行うやり方もいいですが，5〜6人のグループに分かれて行っても，親近感が増します。

2　将来の自分を描きながら自己紹介をする

　6年生は，最高学年であると同時に，中学進学へのカウントダウンが始まる年でもあります。将来を見据えた夢を語ることは難しくても，学校の学習以外で興味のあることを伝え合い，個性を感じ合う自己紹介にしていきましょう。

　まず，名前などを伝えた後，最高学年としてどのような1年間にしていきたいのか，あるいは，将来に向けてどんなことを学ぶ1年間にしていきたいかを話すようにします。

　ゲームが好きならばゲームクリエイターやプログラマーなどの道があること，生き物が好きなら獣医やトリマー，ドッグトレーナーなど多様な仕事があることなどを，あらかじめ伝えておきます。自分の好きなことが，どのような道に通じる可能性があるのかを，宿題で調べてくるのもいい学習になります。

4月

（荒畑美貴子）

031

「学級通信第1号」のアイデア

1　生成AIで学級通信のタイトルをつくる

　学級通信のタイトルに悩んだらChatGPT等の生成AIにタイトルの案を提案してもらいましょう。

　単純に「学級通信のタイトルをつくってください」だけでは，よいタイトルは提案されません。タイトルの条件と，タイトルに込めたい思いを箇条書きで簡潔に，細かく記入します。納得するものができなかったら，条件を追加して，気に入ったものができるまで何度もつくり直させましょう。

　必ずしも生成AIが提案したものを採用する必要はありません。生成AIを相手に思考の壁打ちを続けているうちに，しっくりくるタイトルを思いつくかもしれません。

あなたは小学6年生の学級担任です。学級通信のタイトルを考えてください。

条件
・漢字なら4文字
・カタカナなら8文字程度
・ふわふわしたイメージの優しい言葉
・それぞれ10個ずつ案を示す
・提案意図を示す

込めたい願いは以下の通りです。
・楽しい学級
・ケンカのない学級
・ワクワクする学級
・なんでも言い合える学級
・いじめのない学級
・友達と高めあえる学級
・最高の学級
・下の学年に尊敬される学級

プロンプトの例

生成されたタイトル案

カタカナ8文字
1. スマイルワールド
　・意図：笑顔が絶えない、楽しい学級をイメージします。
2. ハーモニーランド
　・意図：調和のとれた、ケンカのない学級の雰囲気を感じさせます。
3. シェアハピネス
　・意図：幸せを共有する、友達と高めあえる学級を強調します。
4. トーキングプレイス
　・意図：自由に話すことができる、なんでも言い合える学級をイメージさせます。
5. フレンズジェム
　・意図：友情を貴重な宝石のように見る、友達同士が大切にする学級をイメージします。

2 　学級開きの内容を Kahoot! でクイズにして掲載する

　最初の学級活動では，たくさんのルールや約束事を伝えますが，初日から担任が長々と話をしていては，子どもたちも飽きてしまいます。クイズアプリの Kahoot! を使って，ルールや約束事を楽しく伝えましょう。Kahoot! が使えない場合は，Google フォームや Microsoft Forms でも大丈夫です。

　事前にシナリオを用意して，それに沿ってクイズを作成します。クイズが完成したら共有用の URL を発行して，QR コードにして学級通信に貼り付けておきます。

　学級会では，ルールや約束事を説明しながら一緒にクイズを進めていきましょう。クイズが終わったら，

　「このクイズは QR コードにして学級通信に載せています。今日の宿題は家でもう一度クイズに挑戦することです」

と伝えましょう。おうちの人にも挑戦してもらい，ルールや約束事を家庭と共有しましょう。

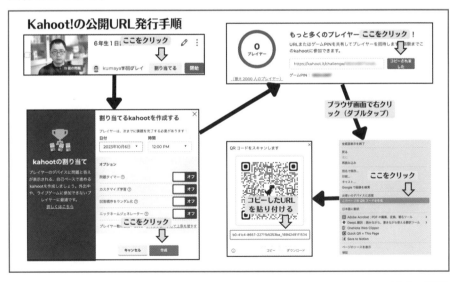

（前多　昌顕）

「学級目標」
のアイデア

1　タブレットを活用して子どもの声を吸い上げる

　学級目標とは，学級を1年間運営していく中で，価値の基準となる重要なものとなります。教師がすべて決めるというのもよいのですが，可能であれば子どもたちの想いが詰まったものにしたいものです。価値の基準に子どもたちの想いがないというのは，高学年であれば特に学級目標に対して愛着をもちづらいのではないでしょうか。

　高学年であればタブレットの活用はある程度できるようになっています。そこで，ホワイトボードアプリなどを活用し，子どもたちの意見を吸い上げます。タブレットを活用することで手軽に想いを共有できます。

　私はだいたい4月の終わりごろになったときに①クラスのいいところ，②クラスの改善点について共有します。それらを見ながら，子どもたちと言葉を紡いでいき，学級目標を決めていきます。ぜひタブレットを活用してみてください。

2　タブレットを活用してロゴを作成する

　学級目標は，基本的に1年間を貫く大切な学級のシンボルともいえます。だからこそ，子どもたちに愛着をもってほしいですよね。そのために，左の例のように子どもたちの想いを取り入れる必要があります。きっと，多くの先生がそう思い，子どもたちの想いを具現化しようとしています。

　しかし，ただ子どもたちの想いを取り入れるだけでは愛着はもてません。さらにもう一歩，手立てを打つ必要があります。私が実際に行ったことを紹介します。

　それは，学級目標を掲示するときに子どもたちに作成を任せてしまうことです。6年生ということもありイラストが先生より上手な子どももいるでしょう。私が6年生を担任したときは，タブレット端末の操作が非常に上手な子がいました。小さなころから絵をかくことが好きだったという彼は，「ぼく，タブレットで学級目標をつくってみたい！」と声をあげてくれました。

　そして，Scratchを活用して，見事な掲示用の学級目標のロゴが完成しました。学級通信はもちろん，様々な場面で彼のつくってくれたロゴを活用し，彼の自信にもつながりました。ぜひ皆さんも子どもたちに作成を任せてみてはいかがでしょうか。

4月

（篠原　諒伍）

生活指導のポイント

1　「ロッカーの使い方」の指導のポイント

　子どもが登校するまでに引っかかってけがをしてしまうことはないか，壊れそうなところはないか丁寧にチェックします。そして，ロッカーの中を隅々まできれいに拭いておきます。名前のゴム印を押したシールや出席番号を書いた丸いマスキングテープを用意し，自分の場所がわかるようにしておきます。高学年は，何も言わなくても「大丈夫」と思いがちですが，子どもたちと一緒に使い方も一つひとつ丁寧に確認していきます。

　・ランドセルの背あての部分はどちらの向きで入れるのか
　・サイドフックにかかっているものの収め方はどうするのか
　・上着はランドセルの中に入れるのか・入れないのか　…など

　常に整った状態にしておくことで，なくし物や落とし物，予期せぬけがの防止にもなります。きれいな環境は，心も整います。

2　「靴箱の使い方」の指導のポイント

　ロッカーと同様，自分の場所がわかるようにしておきます。外履きから上履きに変えることで，やる気スイッチ・学校スイッチを入れる大切なところです。かかとがそろえてあるか，中が砂だらけではないか，毎回手を添えて自分の心が「気持ちいいか」どうか確認するように話します。

3 「提出物の出し方」の指導のポイント

　提出物はただ出せばいいのではありません。出した後は，見てくれる人がいるのです。それは，保健関係の書類，課題等，すべて自分に関わることです。「自分のために」おうちの人が記入してくださって，先生方に見ていただくのです。大切なものですから，「どうやって出すといいと思う？」と聞くと自ずと答えは出てきます。これから毎日のことだからこそはじめにきちんと確認していきます。

　「向きをそろえること」「きれいに重ねて出すこと」などを確認し，提出物を出した後のことや出す意義を考えさせることも高学年では必要です。

4 「あいさつ・返事」の指導のポイント

　高学年になると，他人の目が気になるお年頃。あいさつや返事を元気にしなくなる子が増える傾向にあります。教師は強く指導しがちですが，あいさつや返事をどうしてするのか，どんな仕方がいいのか，子どもたちが納得して，自分からできるようになることが大切です。低学年のときと違って目立つことに抵抗があるので，まずは反応できていればよし。それから，相手に聞こえる声→目を見て→笑顔で→元気に，など徐々にもっとよくなる方法をみんなで見つけていきましょう。教師が，一人ひとりを大切に思う気持ちをあいさつに表して，それに反応してくれることを期待しましょう。反応してくれたら喜びをこっそり伝えてください。うれしい教室づくりは，少しずつでいいのです。

5 「配付物」の指導のポイント

　手紙やプリントを渡す機会は，ほぼ毎日あります。ほとんどの先生方が，一番前の席の子に渡して前から順番に配ると思います。今までも毎日やって

きたことですが，当たり前を
当たり前に行うことを大切に
したい高学年。前の子は体ご
と後ろを向き，後ろの子を見
て「はい，どうぞ」，後ろの
子は両手を出して「ありがと
う」と言って受け取ります。

　渡す相手を見ずに手紙やプ
リントを渡すと，きちんと渡
らず床に落ちたり，友だちの目や手を傷つけたりしてしまいます。あなたを
大切にしているよという気持ちは，こうして形で表すことも伝えます。相手
から何かを受け取るときは両手で受け取るということは，大人になっても大
切な礼儀作法です。

6　「忘れ物」の指導のポイント

　まず，忘れ物は仕方ないものです。人は忘れる生き物です。強い指導をし
たり，厳しく叱ったりすると子どもたちの心は教師から離れていきます。忘
れたくて忘れ物をする子はいません。子どもたちが安心して学習ができるよ
うに，鉛筆，消しゴム，定規など貸し出し用を用意しておきます。

　忘れ物はしてしまった後が大事です。困ったときに SOS を出せるのも大
切な力です。「忘れてしまったことを教師に報告する」「代用できるものがあ
るのか。その時間どう過ごすのか」「次に忘れない対策といつ持ってくるの
か」など，基本的なその後の対応を確認しておきましょう。

　忘れてしまうことは仕方ないことなので，特に「次に忘れないように努力
すること」に重きをおいて，成長を促します。

7 「整列・移動」の指導のポイント

　全校朝会等で体育館や校庭に移動し整列する姿を他の学年は注目して見ています。また，高学年になると特別教室への移動が増えます。それが，休み時間中ではなく授業中の場合もあります。

　⑴他クラスに迷惑をかけない

　⑵時間を意識する

　⑶常に仲間を気にする

　この３点を年度当初に子どもたちに伝えます。整列が必要なときは，多くの場合が大勢が集まるときです。１人のちょっとした行動がよくも悪くもその後の活動に響きます。また，緊急時のことも意識して瞬時にできるようにすることは大切です。そして，いつまでも教師に引き連れられて移動することがないよう，最終的には自分たちでできるようになることが目標です。「自律・自立」していくのが６年生です。少しでも声が聞こえたり，誰かがふざけてしまったりしたらやり直せばよいのです。それも静かに淡々と「やり直しますか」または，「これで移動できますか」と声をかけるだけ。よいか悪いかは，自分たちが一番よくわかっています。あれこれ言ったり，大きな声で指導したりする必要はありません。何がいけなかったのか，どうしたらよくなるのか，子どもたちで話し合う時間をつくるのもよいと思います。

　とはいっても，常に意識するのが難しい子もいます。そのために，毎回合言葉を言ってから出発するようにします。「廊下は」と言ったら「静かに・素早く・美しく歩く」と声に出して確認し，移動準備完了。足をしっかりあげて爪先やかかとまで意識して歩くことができるように，教師は子どもたちの隣や後ろを一緒に歩きます。

学習指導のポイント

1　「開始と終了のあいさつ」の指導のポイント

　休み時間と授業時間の切り替えスイッチをオンオフする大切なあいさつです。教師も子どもも開始時は姿勢を正して「お願いします」，終了時には「ありがとうございました」と心を込めて言います。

　特に，一緒に学ぶ仲間がいるということは幸せなことです。ともに学ぶ相手を敬う気持ち，感謝する気持ちを言葉と動作で表します。

　そして，きちんと気持ちが入る「型」も教えます。6年生は卒業式が控えています。また，今後も節目の場面は多くあります。心は，言葉や動作に表れるものです。自分の思いが大切な相手に伝わるようにすることは，大切なことです。礼法上の言葉で「三息一礼」という言葉があります。身体を倒すときに息を吸いながら倒し，倒し切ったら息を吐き，また吸いながら身体を起こしてくる息づかいのことです。急いですることはないのです。丁寧な言葉や動作はその人の心を表します。

　型を教えることで，ゆとりをもつよさを感じ，心が整います。

2　「話し方・聞き方」の指導のポイント

①聞き方

　学力の中で最も大事な力が「聞く力」です。学校生活の中では，たくさんの「聞く」場面があります。教師の話，友だちの話，お昼の放送，緊急事態を知らせる放送など，どれも大切な「聞く」場面です。人の話を聞くことができるということは，人を大切にできるということです。「聞くは最高の他

者理解」という言葉があります。子どもたちに守ってほしいことはただ１つ，「だれかが話しているときは黙って聞く」だけです。一生懸命に聞いていると話している人はうれしくなります。聞いている人は，相手の話を理解しようとします。そしてよいところを見つけられるようになります。聞く力がアップするとうれしい教室になっていきます。

②話し方

　「聞く」場面と同じくらい「話す」場面も多くあります。こちらもレベルアップを目指しましょう。とはいえ，話すことが大好きな子もいれば，苦手に感じている子もいます。「話す」は，その場が安心安全だと思えたときにできる行為です。無理はさせずに少しずつレベルアップすることが大切です。うまく話すことや多く発言することが目的ではなく，「自分の思いや考えを伝えられる子」に育てていきましょう。

　そのためには，やはり繰り返し話す機会が必要です。それは必ずしも全体に向けてでなくてよいのです。２人組，グループなど少しずつ範囲を広げたり，１時間の授業の中で回数を増やしたりしながら徐々に慣れていきましょう。１時間に１回以上は，声を発する活動を行うことで，子ども同士のつながりをどんどんつくっていくことになります。

3 「学習用具」の指導のポイント

　鉛筆も消しゴムもペンも必要最低限でよいのです。筆箱や引き出しに予備をいっぱい入れている子がいます。そういう子に限ってなくしたり，落としたりするのです。６時間目まであるのですから鉛筆は最高６本，赤青鉛筆１本，消しゴム１つ，定規が基本です。芯が折れたら削ればよいし，引き出しにある色鉛筆を使えばよいのです。忘れてしまったら，教師の貸し出し用を使えばよいのです。カラーペンは，使うときに持ってくるように指導します。

　筆箱の中も定期的に整理整頓をする時間を設けます。その際に確認したい

のが，記名です。高学年なのにと思うかもしれませんが，何年生でも大切です。もし落ちていたらだれかが拾ったときにすぐに渡せます。だれのかわからないものは，いつまでも持ち主を探さなければならず拾ってくれた人の大切な時間を奪ってしまいます。勉強をがんばってほしいという思いで買ってくださったおうちの方の気持ちも踏みにじることにもなります。整った学習用具は，落ち着いて学習をすることにつながります。感謝の気持ちをもって学習すると学習意欲も高まります。

4 「丁寧に書くこと」の指導のポイント

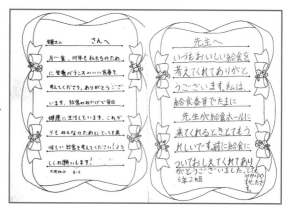

　6年生になると学習活動が多くなったり，慣れが出てきたりして普段の文字や，テストの漢字や計算，単位等を適当に書く子がいます。

　しかし，相手に正しく伝えるためには丁寧に書く必要があります。例えば，手紙は自分の気持ちを伝えるためのものなので丁寧さが必要です。テストの名前や答案は，採点する側に伝わる必要があるため，丁寧に書かなければいけません。

　自分がどんな人なのか，今までどれだけがんばってきたかを正確に表すには，丁寧に書く他ないのです。「丁寧に書くことによって心が伝わる」ということを子どもたちには伝えたいものです。

5 「敬語」の指導のポイント

　敬語には，丁寧語，尊敬語，謙譲語があります。学習指導要領では，小学

校5，6年生で学ぶ内容になっています。丁寧な言葉は使うことに慣れていますが，尊敬語や謙譲語は難しいです。より高度な分，相手を敬う気持ちや大切にする気持ちが伝わります。人間関係を円滑にするためにも，必要な力です。目上の人への言葉づかい等をその都度伝え，みんなで使っていけるようにしていきます。「親しき中にも礼儀あり」ということわざがあるように，家族や友だちとの間でも，TPO に応じた使い方をマスターしていけるとより愛される子に育っていきます。

6 「タブレット端末」の指導のポイント

大切なのは「なんのために使うのか」を子どもたちが理解していることです。「なんのため」それは，「勉強するため。賢くなるため」です。端末があることで，さらに子どもたちがすてきに賢くなってほしいから，1人1台あるのです。この前提を子どもと一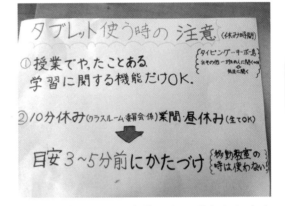緒に確認すれば，どのような使い方が相応しいかは自分たちで考えられます。

学校全体のルールは，6年生でも年度はじめにもう一度確認します。タブレット端末を使うことに慣れてきた6年生は，様々なトラブルを起こすことも予想されます。上手に付き合う方法を子どもたちに考えさせながら，大人がコントロールすることが大切です。

時には厳しく指導することも大切です。情報リテラシー，情報モラルについては発達年齢に応じて定期的に繰り返し指導が必要です。特に ID やパスワードの管理，著作権，SNS の使い方等については，保護者とも連携をとりながら安心安全に使っていけるようにしましょう。

（渡邉　育美）

「教室環境」づくり

1　マグネットクリップと曲板で掲示板をつくる

　「マグネットクリップ」は，挟んだ実物を磁石がつく場所に貼り出すことができるアイテムです。書きたてほやほやのノートや係の成果物，牛乳パックのたたみ方など，実物を瞬時に貼り出すことができます。

　「曲板（まげいた）」は等間隔に穴の開いた鉄製のプレートです。穴の部分に画鋲を刺して壁に固定します。磁石がつく掲示板になるため，子どもたちの手で掲示物が簡単に更新できるようになります。

　最強万能ギアを100円ショップで手に入れましょう。十分もとが取れます。

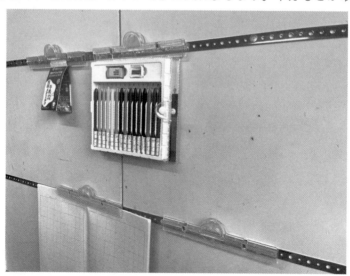

【参考文献】
・鈴木優太『教室ギア55』東洋館出版社

2 コピーノートをストックしておく

> 【つくり方】
> (1)ノートと「同じ」行数・マス数を200枚印刷します。
> (2)ノートよりも「ひとまわり小さく」外郭を裁断します。
> (3)ロッカーなどに入れ，忘れた人が使えるようにします。

　コピーして使ったノートは記名（必要なら預かり）し，翌日持ってきたノートに貼ります。裁断機を使ってノートよりも「ひとまわり小さく」裁断しておくことがポイントです。ノートからはみ出さずに美しく貼れるからです。他のノートを破って使うことがなくなります。忘れ物をしたくてしている子はいません。愛される人として幸せに生きていってほしいからこそ「１枚もらいます」や「ありがとうございます」のひと言を大切にします。

　安心して学べる学校でありたい。学年で，物も願いも共有したいものです。

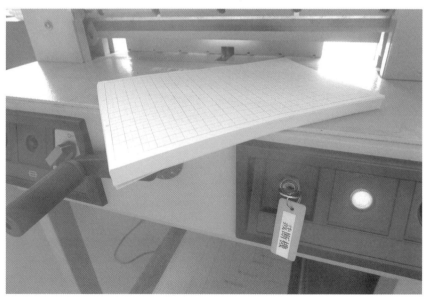

3 議題箱を設置して子どもたちの意見を集める

「議題箱」を教室に設けましょう。自分たちの声でコミュニティをつくっ

ていく民主的な学級の象徴
です。議題提案書はなるべ
くシンプルにします。

(1)個人のこと

(2)学級のこと

どちらかに丸をつけます。
「どうしたい？」の欄に願
いを記入し、「議題箱」に
投函します。だれでも、い

つでも記入して投函できます。定期的に書く機会を設け、議題を集めるのも
よいでしょう。下欄に話し合って決めたこととやってみる期間を記入し、教
室の目立つ場所に貼り出します。

4　多様な使い方ができる三脚を置いておく

　集合写真を笑顔で撮影できるクラスはいいクラスです。もしかすると，集合写真を撮影しているうちに，いいクラスになっていくのかもしれません。三脚にカメラを設置し，子どもたちと一緒に先生も並んで，たくさん撮りましょう。小学校生活の最後を飾る特別な１年間です。学期末に，撮影してきた写真を見返すと思い出がよみがえります。

　三脚に装着できるのは何もカメラだけではありません。トレイ台を装着すると，端末置きや楽譜立てとして使用できて重宝します。

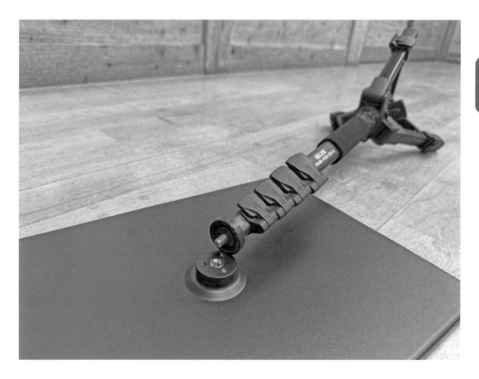

クラスが安定する　環境づくり・システムづくり

「日直」のシステムづくり

1　号令は子どもたち自身が考える

日直当番は，その１日の学級を代表する役割を担います。その仕事の大部分が号令です。学校現場における号令の目的は，「気持ちを切り替える」ことを促すことです。号令がいつも同じである必要はないのです。

【考える号令の例】
(1)「起立。礼。着席」
(2)「気をつけ。始めます」
(3)「姿勢を正します。よろしくお願いします」
(4)「注目。これから，○時間目の授業を始めます」
(5)「身長を３cm伸ばします。がんばりましょう」　　　　　　など

はじめは，上記のようなバリエーションの中から日直になった子どもが選びます。次第に，オリジナリティ溢れるものを考えていきます。

「どんな号令で始まるのかな？」

子どもたちも，そして教師の私たちも，このようなワクワクした気持ちを抱いて，毎回授業の始まりを迎える効果はとても大きいです。子どもたちの授業への前のめり感が増します。

2 マニュアルなしで進行する

　朝や帰りの会のプログラムの掲示や手持ちの進行台本…思い切ってなくしてみましょう。日直が顔を上げて朝の会や帰りの会を進行する「ノンマニュアル」を推奨します。日直になった子は，級友の顔を見ながら進行します。進行が滞りそうになっても「次は健康観察リレーだよ」と級友がサポートします。温かいやりとりが交わされます。ポイントは２つです。

　１つ目は，マニュアルがなくても進められるくらいのシンプルな朝の会，帰りの会にすること（次頁参照）です。

　２つ目は，プログラムを全員で復唱することです。日直が「ペアトーク！」と言ったら全員「ペアトーク！」と声に出すなど，コール＆レスポンスの「レスポンス」を毎度毎度行います。日直以外の全員で日直当番を支えるのです。掲示や台本に頼りすぎてしまうことで，本来できることをやろうとしなくなってはいないか，考え直してみましょう。

4月

「朝の会・帰りの会」 のシステムづくり

1　要約までペアトークで授業の基本姿勢をつくる

　当日の6時間の授業が円滑になることが5分間の朝・帰りの会のねらいです。私は，①話を聞き合うこと②名前を呼び合うことの2つを大切にします。

聞き手「○○さんの好きなあそびを教えてください」
話し手「ドッジボールです。キャッチできたときにうれしいからです」
聞き手「つまり，○○さんの好きなあそびはドッジボールですね」

　聞き手と話し手に分かれ，上記のようなペアトークを行います。まずは聞き手の質問から始めます。時間は20秒など短い時間から行います。直後に，聞き手が5秒程度で要約するのが「要約までペアトーク」です。「話を聞いてもらえた！」と充実感を得られます。

2 リレー形式で名前を呼び合う習慣をつくる

　名前を呼び合う習慣形成のために「振り返りリレー」に取り組みます。子どもたちが出席番号順（席順）に呼名し合い，リレーのように発表します。

日直「振り返りリレー！」　全員「振り返りリレー！」

日直「Aさんっ！」

A「（起立）はいっ！　2時間目の算数です。Bさんの説明を聞いて，計算の仕方を私も5人に説明できました。Bさんっ！」

B「（起立）はいっ！　5時間目の国語です。教科書をすみずみまで読んで，大事なことをまとめることができたからです。Cさんっ！」

C「（起立）はいっ！　…パスします。Dさんっ！」

　「パスします」もOKです。出席番号末尾の子の後にリトライできます。友だちの振り返りをひと通り聴いた後なので，真似をして言えるようになっていきます。朝の会では，「健康観察リレー」に取り組みます。このようにねらいが明確で，シンプルなプログラムだと進行する日直が迷いません。

【シンプルな朝の会の例】

(1)朝のあいさつ

(2)ペアトーク

(3)健康観察リレー

【シンプルな帰りの会の例】

(1)ペアトーク

(2)振り返りリレー

(3)帰りのあいさつ

「給食当番」のシステムづくり

1　円盤表で担当を回す

　給食当番は，白衣を持ち帰り洗濯する作業が伴います。そのため，出席番号順に輪番で全員が満遍なく経験するのが望ましいと私は考えます（席替えが柔軟にできなくなるため，生活班と結びつけることは避けます）。

　「円盤表」が合理的です。だれが何に取り組むのか瞬時にわかり，１つ分動かすと全員の仕事がシャッフルされます。Microsoft Excel や Google スプレッドシート，Canva 等の円グラフ作成機能を使って作成できます。「円盤表作成法」とネット検索してみましょう。印刷した円を切り取り，ラミネートすると丈夫になります。仕事と児童名の２つの円のど真ん中を画鋲で貫通させるとくるくる回ります。回す方向の矢印を中心付近に書いておくと盤石です。

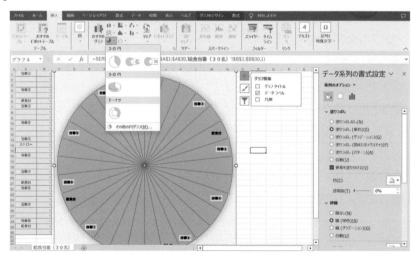

2 白衣の美しいたたみ方を伝える

　給食当番が各自のロッカーで白衣を管理することが,「たたむ」行為の浸透に有効です。白衣だけでなく,体育着やシャツなど長袖の衣類が美しくたためるようになり,教室がすっきりとします。白衣を掛けるためのフックが取りつけられている教室がありますが,私は使用しません。フックに掛けると,せっかく美しくたたんだ白衣袋が丸まってしまうからです。

　給食着を着脱する時間は食事時間にも直結します。長袖の体育着やシャツを使って練習すればするほど,すばやく着脱できるようになります。下級生の模範となる立場だからこそ,初心に立ち返ることは極めて重要です。1年生に伝授することを目標に,6年生全員で取り組みましょう。

3 同量ずつ配る

　給食は，栄養教諭（栄養士）によって子どもたちに必要な栄養を考え抜いてつくられています。配膳する人は，全員に同量ずつ分けます。子どもたちが必要な栄養価の標準量を知るのは大切であるためです。そして，同量ずつ分ける方がすばやく配膳が完了します。

　一刻も早く「いただきます」をしたら，量の調整（次頁参照）を行うようにします。体の大きさや運動量や代謝の違いにより，一人ひとりに必要なエネルギーは同年齢でも違いがあります。人によって好みや苦手な食べ物があるのは仕方がないことです。学級の全員が同量の給食を完食する必要はない，という考え方を前提として，「自分で食べ切れると決めた量を，給食時間内に食べ切る」ことを私は求めます。

4　おかわりは優先権式を取り入れる

　自分で決めた量を食べ切る感覚や，自身の食事スピードの感覚を育てることは大変重要な食育です。

　子どもの感覚を養いつつ，教室に配膳された給食の残食率0.1％を実現する最強のおかわりメソッドが「優先権式おかわりシステム」です。

> (1)「いただきます」の直後，食べ切れない料理がある人は箸をつける前に減らす。
> (2)ごはんやパンをひと口でもおかわりした人に，その日限りの「おかわり優先権」が発生。
> (3)「おかわり優先権」を使うと，1品だけ優先的におかわりができる。

「掃除当番」のシステムづくり

1　S字フックの規格を統一する

　掃除ロッカーの最大の点検ポイントが「S字フック」です。数が足りなかったり，歪んでしまっていたり，大きさがばらばらだったり…。特に，特別教室や廊下や階段などの掃除ロッカーが雑然としてしまう根源です。事務職員に，同じ規格で十分な数を購入してもらいましょう。見違えるように整った掃除ロッカーになると，整った気持ちで清掃活動に取り組むことができます。つづり紐をつける場合は，長さをそろえることも鉄則です。

2 掃除当番表をプルダウン式で作成する

　掃除当番は，２か月間程度の長期間，毎日同じ担当場所を固定する「一役プロ掃除当番活動」をおすすめします。担当する掃除のやり方を熟練するので，５〜10分間で担当場所を黙々とぴかぴかにできるしくみです。

　Google スプレッドシートで一役掃除当番表を作成するときに「プルダウン」機能を活用します。事前に，児童名をプルダウン設定しておきます（方法については下記 URL も参照）。担当を話し合って決めたら，自分の仕事のセルの横のプルダウンから自分の名前を選びます。たったこれだけですが，「この仕事に責任をもって取り組みます！」という意思表明になります。自分たちでつくった当番表があっという間に完成します。

【参考資料】

・Google ドキュメント エディタヘルプ

　https://support.google.com/docs/answer/186103?hl=ja&co=GENIE.Platform%3DDesktop

3　掃除に役立つ小物を用意する

「窓ふきスクイージー」を教室に準備します。先端にゴムのついたＴ字型のワイパーです。少し高価でもしっかりしたつくりのものをホームセンターやインターネットなどで手に入れることをすすめます。学校の掃除用具庫に眠っていることもあります。

拭き筋が残らず，使い勝手が格別です。窓を掃除するだけで，教室が見違えるように明るくなります。

なお，窓掃除をするなら雨の日がおすすめです。その理由は「汚れが見えやすいから」「湿度が高く汚れが落ちやすいから」の２つです。

4 掃除のやり方動画を作成する

　掃除のやり方動画を子どもたちに撮影してもらいます。Canva を使って編集し，１年生や全校に発信します。学校全体の掃除の取り組み方が変わります。

　YouTube で「自在ほうき　使い方」や「ぞうきん　しぼり方」と検索すると掃除のやり方動画がヒットします。これらを動画づくりのモデルとします。また，「Canva　動画編集」と検索すると編集の仕方が学べます。これらを子どもたちが自由に見られるようにします。

　ここまで整えたら，「あとは任せた！」と時間を確保します。子どもたちだけでもなかなか本格的な動画が完成します。環境を整え，思い切って子どもたちに任せる覚悟が大切です。６年生の力はすごいです。

「係活動」のシステムづくり

1　プロジェクト型の係活動に取り組む

　学級目標達成のために「○月○日までに□□□□□を☆回やる！」と，なるべく具体的な「アクションプラン」を宣言します。期日に振り返り，プロジェクトを継続，解散，新設…しながら進めていくのがプロジェクト型係活動です。1〜3月に行う学級も多い卒業前のプロジェクト活動を，係活動として年間を通してやっていくイメージです。

　1人で行うプロジェクトもすてきです。1週間や2週間などの短期間から始めることで，目標未達成による残念な解散になりません。「アクションプラン」を自分たちで設定できるようになったときが，子どもたちに委ねるタイミングです。活動期間の設定や掛けもちも任せていきましょう。

かかりめい 係名 「　　　　　　　　　　　　　　　　　　　　　　」
アクションプラン 　　　月　　　日（　）から　　　　月　　　日（　）まで   　　　　　　　　　　　　　　　　　　　　　　やります。
メンバー

2 「1分間いいことタイム」で係の発表を促進する

　朝の会や帰りの会で「1分間いいことタイム」を設けます。読んで字の如く，教室の整頓をするもよし，持ち帰るものや明日の準備物を呼びかけ合うもよし，そして，係活動に取り組むもよしの時間です。毎日続けると，「いいこと」を考えて進んで取り組む子どもたちの姿が日常的に見られるようになっていきます。

　「1分間いいことタイム」の直後に「みんなから」（子どもから子どもへの伝達時間）を設けることで，係の連絡や発表が促されます。係活動が活性化するのです。1分間だけなので，すぐに取り組めます。効果は絶大です。

3 「お昼の係タイム」で活動時間を確保する

　係活動が軌道に乗ると，朝の会や帰りの会の「みんなから」で連絡や発表をする係が増えます。よろこばしいことである一方，発表が渋滞して長引いてしまう問題があります。朝は授業開始時刻に食い込んではいけません。帰りは委員会や学校行事の準備に遅れられません。十分に時間が取れない6年生…。さてどうしましょう？

　このような問題が出てきたときこそ，必要感のある話し合い活動を行うチャンスです。子ども同士で問題解決のために話し合うことで，連絡や発表のルールを考えたり，予約掲示板を設けたりするなどのアイデアへと結びついていくでしょう。

　私のクラスでは，活動や発表時間確保のため，給食時間に「お昼の係タイム」を設けると決まったことがあります。自分たちで決めた「ごちそうさまの10分前。給食は食べ切ること」などの約束を守ったうえで係活動に取り組みます。学級がひとまわりもふたまわりも成長します。

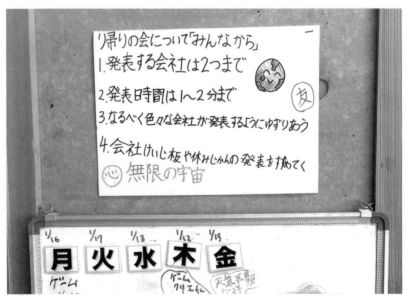

4 係ごとのホームページを作成する

　「○○係サイト」をつくります。おすすめは Google サイトや Canva です。写真や動画を貼り付けて再生したり，別アプリで作成したスライドやアニメーションなどに瞬時にジャンプしたりすることができます。いわゆる係単位のホームページです。朝や帰りの会や掲示板上での「一度限り」の情報発信が主だった係活動が，いつでも・どこでも・だれでも，そして何度でも発信＆受信できるのです。これまで想像もしなかった係活動が，次々と誕生します。これら「○○係サイト」の公開 URL を Google スプレッドシートの名簿に一覧にすると，すべての係のサイトを行き来できる「○年○組係活動ポータルサイト」が完成します。

（鈴木　優太）

どれが本当でどれがうそ？

うそ当て自己紹介

🕐 時間 **10分**

📝 準備物 ●タブレット

ねらい

うそが含まれた自己紹介を聞く活動を通して，友だちとコミュニケーションを取ろうとする意欲を高める。

1．ルールを理解する

今から，グループの中で自己紹介をしてもらいます。自分の名前と好きなものや得意なこと，嫌いなものなどを4つ話してください。ただし，その4つのうち1つは，必ずうそを入れるようにしてください。聞いているグループの人は，どれがうそかを考えながら聞きましょう。まず先生がお手本を見せます。
先生の名前は○○○○○です。好きな食べ物はカレーです。得意なスポーツはサッカーです。苦手な食べ物はなすです。週1回ピアノを習っています。よろしくお願いします。
では，うそはどれでしょう？

先生，ピアノ習ってるの本当かなぁ？

カレーはみんな好きだからうそではないかもね。じゃあどれがうそなのかな？

うそは「苦手な食べ物はなす」です。先生はなすが大好物です。このように自己紹介をつくり，タブレットに自分の紹介したいものを書きましょう。必ず１つはうそにしてくださいね。

2. グループで自己紹介する

では，グループの中で１人ずつ自己紹介をしましょう。自己紹介が終わったらどれがうそか予想を言い合いましょう。

うーん，全部本当に聞こえるなぁ…。

3. クラス全体で自己紹介する

では，グループ以外の友だちとも自己紹介をしましょう。何回うそを見破れたか，数えておいてくださいね。

4月

私の好きな食べ物は…

＼ プラスα ／

最後に全体で「だれのうそがおもしろかったか？」「印象に残っている自己紹介はあったか？」「話すのが上手だったのは？」などを共有する時間を設けることも大切です。

みんなの気持ちをそろえよう！

3回目ピッタンコゲーム

🕐 時間	3分	✏️ 準備物	なし

ねらい

　お題に対して友だちが答えそうな回答を予想することを通して，相手の立場になって考える素地をつくる。

1. ルールを理解する

今から，「3回目ピッタンコゲーム」をします。先生があるお題を出します。「せーの」の後にペアでそろえて回答を言います。そのとき，1回目，2回目でそろってしまえばアウトです。3回目でそろうように考えてください。2回連続で同じことを言ってはいけませんが，1回目に言ったことを3回目にもう一度言うのはOKです。

2. ゲームを行う

では，実際にやってみましょう。はじめのお題は「人気の教科といえば」です。では1回目いきますよ。せーの！

 算数！

 国語！

> **うまくいくコツ**
> だれもが複数の回答を思いつけるようなお題から始める。

2回目です。せーの！

 理科！

 社会！

 では，いよいよ3回目です。
そろうかな？　せーの！

 体育！

 体育！

 やった！　そろった！

3. 人数を増やしてゲームを行う

 グループの形にしてください。人数を増やして挑戦してみましょう。

 人数が増えると難しそうだね。

 でも，そろったら気持ちよさそうだね！　がんばろう！

\ ポイント /

お題例は「赤いもの」「果物」「人気給食メニュー」「好きな曜日」な
どです。そろった際の言葉をクラス全体で共有するのもおもしろいです。

1文字ずつで答えをつくろう！

答え4文字クイズ

時間 **10分**

準備物 ●タブレット

ねらい

友だちが問題に対して，どんな答えを考えているかを想像する活動を通して，相手の立場になって考えようとする態度を育てる。

1.ルールを理解する

今から「答え4文字クイズ」をします。先生から答えが4文字となる問題を出すので，1人1文字を考え，グループで1つの答えをつくってください。まずグループでだれが何文字目を考えるか，相談して決めてください。

2.練習を行う

ではまずは練習してみましょう。問題は「4文字の強い動物といえば？」です。では答えを考えて，1文字をタブレットに書きましょう。ヒントとなるのでしゃべらないようにしてください。

（きっとライオンだ。ぼくは2文字目だから『イ』と書けばいいんだね）

ではいきますよ。せーの！ 「オイオミ」！？

 ぼくは「オオカミ」だと思った！

3. ゲームを行う

 では，ここからが本番です。
4文字の鳥といえば？

 （4文字の鳥…，ニワトリ
かな？）

 では答えを見せます。
せーの！ 「ペワトン」！？

 あー！ ちがった！ みん
などの鳥を考えたの？

 できた答えがおもしろいね！

\ ポイント /

　1人が違う答えを考えていたため答えがそろわなかった場合も，その
友だちがどんな答えを考えていたのかに興味をもち，考えることが大切
であることを伝えます。グループで答えがそろわなくても，楽しい雰囲
気でゲームが行えているグループを全体に紹介します。また，グループ
の数によって答えの文字数を変えましょう。

アイスブレイク，仲間づくりの学級あそび

友だちに正しく伝えられるかな？

カタカナ禁止ゲーム

🕐 **時間** | 5分

📝 **準備物** | なし

ねらい

カタカナを使わずにお題を伝えるゲームを通して，語彙力や表現力を高めながら友だちと楽しくやりとりをする。

1．ルールを理解する

今から「カタカナ禁止ゲーム」を行います。代表の1人に前に出てきてもらい，みんなには見えないよう先生からお題を見せます。代表の人はカタカナの言葉を使わないでお題をみんなに伝えてください。お題がわかった人は手をあげてください。では，代表に挑戦したい人はいますか？

2．ゲームを行う

では，代表の人には3問挑戦してもらいます。1問目はこれです。

学校にあって，丸くて，休み時間によく使うもので…

はい！　ボールだと思います！

> **うまくいくコツ**
> 学校にあってわかりやすいものから始めるとよい。

070

正解です！ 次はこれです。

 みんなが持っていて，息を吹くと音が鳴って…

 わかった！ ピアニカだ！

 おしい！ 細長くて，穴があいていて…

 はい！ リコーダーだと思う！

3. グループでゲームを行う

 同じゲームをグループでしてもらいます。代表の人を1人決めて，前に来てください。お題を教えます。

 わー！ これがお題か！ 難しい！

 ではスタートの合図で始めてください。時間は30秒です。聞いている人は，30秒の間にお題がわかっても言わないようにしてください。30秒後に「せーの」で一斉にお題を確認します。

＼ ポイント ／

ジェスチャーなどを使わず，言葉だけで説明するように伝えましょう。グループの様子を見て，説明が難しく言葉が出てこない子には教師からヒントを出すなどすると，どの子も安心して取り組めます。

アイスブレイク，仲間づくりの学級あそび

みんなのことを覚えよう！
覚えてつなげて自己紹介

| 時間 | 10分 | 準備物 | なし |

ねらい

自己紹介の内容を覚えながら聞く活動を通して，集中して友だちの話を聞こうとする意欲を高める。

1．ルールを理解する

今からグループで自己紹介をしてもらいます。自分の名前を言った後に，好きな食べ物や得意なこと，苦手なことなど，何か1つ話してください。そして次の人が自己紹介するときは「〜が好きな〇〇さんの隣の，…が好きな〇〇です。よろしくお願いします」と前の人が話したこととつなげて，自己紹介してください。そして，その次の人は「〜が好きな〇〇さんの隣の，…が好きな〇〇くんの隣の，〜が苦手な〇〇です。よろしくお願いします」とさらにつなげて自己紹介してください。

2．グループをつくる

2つのグループを1つにして8人（〜10人）のグループをつくってください。グループができたら，1番目に自己紹介する人を決めてください。1番目の人から時計まわりで自己紹介をしていきます。

3. 自己紹介をする

 では，自己紹介をスタートしましょう！

 カレーが好きな○○です。よろしくお願いします。

 カレーが好きな○○くんの隣の，国語が苦手な○○です。よろしくお願いします。

4. 1周したグループは2周目にいく

 1周したグループは2周目に挑戦してください。1周目とは違うことを紹介してくださいね。

4
月

＼ ポイント ／

忘れてしまう子は必ずいます。そのときは「そっと教えてあげよう」と声をかけましょう。助け合おうとする態度が育ちます。

ドキドキわくわくで心の距離を近づけよう！

時限爆弾しりとり

 時間 | **10分**

 準備物 | ●タブレット

 ねらい

時間制限を設けた中でしりとりをすることで，緊張感を共有し，グループ内の親睦を深める。

1．ルールを理解する

今から「時限爆弾しりとり」をします。タブレットに言葉を入力して，隣の人にタブレットを渡します。隣の人はしりとりになるように言葉を入力し，次の人にタブレットを渡してください。制限時間がきたときにタブレットを持っている人がアウトです。制限時間は3分です。

2．ゲームに取り組む

それでは始めます。最初の人はしりとりの「り」から言葉を入力してタブレットをまわしてください。

りんご，はいどうぞ。

ごりら，はい。

らいおん。あ，「ん」がついちゃう。らんど…

 「ピピピピピ」 はい！ 時間です！

 あー！ 最後まで打てなかった！

 あぶなかったー！

3. ルールを変えてもう一度ゲームに取り組む

 もう一度やりますが，次は「3文字の言葉」だけでしりとりしてください。では，よーいスタート！

（サンバ先生）

\ ポイント /

タイマーをスタートしたら子どもたちには見せないのがおすすめです。ドキドキしながらゲームを進めることができます。焦ってタブレットを投げるなどしないよう注意を呼びかけましょう。「3文字しりとり」などアレンジを加えると，何度でも楽しめます。

5月の
学級経営の
ポイント

1 6年生としての労をねぎらい，子どもたちに感謝する

5月のゴールデンウィークまでは行事が目白押しなので，あっという間に過ぎるでしょう。ここまでの子どもたちは「6年生として」意識が外に向いているはずです。登下校班，委員会，クラブ，縦割り班，縦割り清掃に加えて行事でもリーダーになるわけですから，外に向くのが当たり前です。私も毎年「学級経営にあまり集中できなかったな…」と反省するのですが，学級外のあれこれに集中する方が，かえって団結力が深まるのでいいのかもしれません。よくも悪くも，ゴールデンウィークが1つの区切りです。ここで「6年生としてがんばったこと」のアンケートを取る，学級会を開くなどをして，子どもたちのがんばりをほめ称え，担任としての感謝を伝えましょう。ミニお楽しみ会を開くのもいいですね。同時に，困ったことや不安に感じたことなどもわかるようにし，一人ひとりの気持ちに寄り添えるようにしましょう。私は「6年生担任は学校の仕事がたくさんあるから，もしみんなが協力してくれなかったら成り立たなかった」と正直に感謝を伝えています。

2 行事や長に携わる一部の子たちだけではなく，全体を俯瞰する

一方で，学級内には少しずつ意識の差が生まれてきます。どんどん代表に立候補する子や，言われなくても仕事に取り組む子がいる中で，消極的な子や面倒くさがる子も出てきます。しかしながら，これが集団としての自然な姿であり，この意識の差をどうにかするのがリーダー（教師）としての務めなのだと自覚しましょう。具体的には，「WHY・HOW」を子どもたちに熱意をもって伝えます。積極的に立候補したり仕事をしたりすることがなぜ大切なのか。どのように取り組むべきなのか。私は次のように説明します。

「リーダーや仕事を任されるのは損した気持ちになるかもしれません。けれども6年生を経験できるのは人生で一度だけ。この経験は必ず自分の役にも立ちます（WHY）。一度でもよいので，前向きな気持ちで全員に経験してほしいです（HOW）」

場合によっては「1年のうちに一度は班長や代表を務める」「週に1回は学校のために何か行動する」などの目標を設定してもいいと思います。

3 学校のためにできることを話し合い，実践させる

　6年生はすでに学校の中心となっていろいろな活動に取り組んでいますが，余裕があれば学級会などで話し合う機会を設け，クラス独自の活動を設定してもよいと思います。例えば学校で行っているあいさつ運動に参加させてもらう，朝のちょっとした時間に清掃に取り組む，昼休みに1年生にあそびを教えてあげるなどです。一生懸命取り組んでいると，校長先生に直接ほめられたり，低学年の先生から感謝されたりするでしょう。有志で取り組む，当番制にするなど，活動の仕方はそれぞれで構いません。自分たちで決め，行動する経験を早くから積ませましょう。

4 自由度の高い，独創的な係活動を考えさせる

　係活動は4月に設定するのが普通ですが，私の経験では6年生はあまりに忙しく，じっくりと考えさせる時間が取れません。5月にはすでに自分の係名すら忘れている…なんてこともありました。そこで私は時間に余裕ができるGW明けに考えさせるようにしています。GW明けは心身ともにしんどく感じる子が多いので，楽しい話題を提供できて一石二鳥です。係活動は自由度を高くする代わりに，オリジナリティのあるものを考えさせましょう。熱心な活動は，後々学校全体へ紹介できるようにしてもいいですね。

（須永　吉信）

GW明けの
チェックポイント

生活面	□教室の床にごみが落ちている □ごみ箱まわりが汚れている □放課後の靴箱が乱れている □席を離れるときにいすをしまっていない □教室の棚が整理整頓されていない □集合・整列が素早くできない
学習面	□いすを斜めにしたり，横向きにすわったりしている □号令の声がそろわず，元気がない □私語が多い □体を向けて話を聞いていない □友だちの発言に対する拍手などがない □不要な文房具を持って来ている
対人面	□パッと少人数のグループがつくることができない □敬称をつけて名前を呼ばない □廊下で溜まっている子がいる □休み時間に１人になっている子がいる □わがままを押し通す子がいる

1　生活面

　ゴールデンウィーク明けの数日は，「二度目の学級開き」と言っても過言ではありません。土日以外の休業日明けを経験するのははじめてだからです。

リズムの取り戻し方をこの数日で確認しなければ，夏休み明けや冬休み明けにも影響しかねないと考えてください。

特に，集合と整列がダラダラしているようでは黄色信号です。パッと集まり，サッと並べるように何度でも行いましょう。「私くらい」「ちょっとくらい」という「やらなくて済んだ経験」を積ませてしまうと，その後の指導がどんどん困難になっていきます。

2　学習面

この時期は，まだ学習規律やルールが固まりきっていないと言ってよいでしょう。何度も確認することをおすすめします。

大切にしたいキーワードは「姿勢」です（「すわり方」とも言えます）。学習に向かう態度面のチェックポイントとして，いすのすわり方やその姿勢を確認しましょう。

6年生は，どこかピシッとすわることをはずかしがる傾向があります。厳しい指導で「正しなさい」というよりは，「その姿勢はかっこいいんだ」という意味を春の段階で共通理解したいものです。

3　対人面

春の運動会や初夏の修学旅行に向けて，様々な取組がスタートする時期です。非日常の力を借りながら，子どもたち同士の関係性を再構築していきたいところです。

そのために，少人数のグループ活動を1日の中に何回も取り入れていくようにします。最低でも1時間に1回。その中で，お互いに安心感を生み出していきましょう。

（古舘　良純）

5月

春の運動会
指導ポイント＆
活動アイデア

1　指導ポイント

☑ 全校の手本となるような行動を意識させる

１年生から６年生までが同時に参加する運動会。６年生がピシッと整列，行動することで，他学年の手本となるようにする。

☑ 子どもたち自身の手でつくり上げる運動会にする

最後の運動会。自分たちの手でつくり上げることを意識させ，目標や練習計画などもできる限り子どもたちの手に委ねる。

☑ 最高学年としてのふるまいを考えさせる

最高学年のふるまいが全体におよぼす影響を意識させ，ふさわしい行動とはどうあるべきか考える機会をもつ。

☑ 責任感をもって行動できるようにする

演技や競技のみならず，それぞれの役割もプラスされる。一人ひとりが責任をもって行動できるようにする。

☑ お世話になった人への感謝を表せる場にする

日頃よりお世話になっている方々の思いを知り，運動会で感謝の気持ちを伝えようとする態度を育てる。

2 活動アイデア

①運動会のスローガンで心を1つに

　新しい学年がスタートしてまだ間もない時期，4月に立てた学年目標や学級目標を今一度思い起こすとともに，運動会に向けてのスローガンを考えましょう。児童会などが中心になってスローガンを決める学校も多いことでしょう。学校教育目標とも関連する内容になればよりよいですね。

　しかし，このスローガン，往々にしてお題目を並べただけになってしまいがちです。6年生のみならず全校生が目指すべき，実質的な目標となるようにしたいものです。

　6年生としての願いをみんなで話し合う，他学年にも意見を聞きに行く，考えたもののいくつかから投票してもらう…など，全校児童の思いが1つになるような方法を考えてみましょう。

　スローガンが決まったら，チラシをつくったり，垂れ幕をつくったり，練習時に呼びかけたりして，全体に広めるための活動も合わせて考えさせましょう。

②見通しをもたせて主体的な活動にする

　６年生では，主体性をもって様々な活動に向かえるようになってほしいものです。この春の運動会，これからの１年に向けてその機運をつくる絶好のチャンスです。子どもたちが主体性，自主性を発揮して，運動会に向けて過ごすためには「見通し」をしっかりもたせることが大切です。

　各自のスケジュール表を作成します。いざ練習が始まると，時間の制約もあり，ついつい教師主導で練習を進めてしまいがちです。子どもたちは，「やらされている」時間になりかねません。また，６年生は子どもたちによって，係の仕事や応援団の練習，出場種目などばらばらです。

　運動会までの期間，いつ何ができそうか，いつまでに何をしなくてはならないかなど，子どもたち自身が常に意識して，見通しをもって活動できるようにするためのスケジュール表です。

　しかし，書いたからには絶対しなければならないのではなく，状況に応じて，適宜修正も加えながら，自分なりの「見通し」がもてるようにしていきましょう。

③奉仕活動で雰囲気を醸成する

　運動会に向けての取組の中で，子どもたち全員が実行委員や応援団，放送係となり，活躍できるわけではありません。そこで，事前にみんなで取り組む奉仕活動を取り入れることで，運動会に向けての気持ちを高めていきましょう。

　奉仕活動とは，自分以外の人のためになることを主体的に行うことです。これから学校のリーダーとなる６年生に必要な豊かな人間性や社会性をこの奉仕活動を通じて養いたいものです。

　運動会のこの時期，次のような奉仕活動はどうでしょう。

> ・体育倉庫の整理（使いやすいように整理します）
> ・運動場の整備（草むしりや石ひろいなど）
> ・下足箱の掃除（砂だらけになりやすいこの時期，掃除を行います）
> ・遊具のペンキ塗り（見た目も大切。きれいに塗りなおします）

　教師からの一方的な提案のみではなく，どんなことができるのか子どもたち発信の活動になるといいですね。こういった活動も子どもたちの心を１つにし，最高学年としての自覚を高めます。

（垣内　幸太）

国語

「けものへん」の漢字を見つけよう！

1 授業の課題

次の動物は，どのようなルールで分けられているでしょう。

A	ゾウ・ウシ・イヌ・トラ・ネズミ
B	タヌキ・キツネ・ネコ・オオカミ・サル
C	キリン・リス・パンダ・シマウマ・ライオン
D	チーター・フェネック・ゴリラ・アイアイ

2 授業のねらい

　動物の名前を表す漢字の類別から，漢字の成り立ちと変容について興味をもつ。

3 授業展開

①４グループの動物の例を集める

　児童１人につき１つ，動物の名前を言わせます。鳥類や爬虫類などの哺乳類以外の生物や，鯨や鯱などの水生哺乳類の名前が出たら，言い直させます。

②グループを分けるルールについて考える

全員が出した動物の名前を A〜D のグループに分けたら，児童に問いかけ
ます。

T　この4グループは，ある決まりによって分けられています。それは，な
　んでしょうか。
C　えー，肉食か草食か？　それとも身体の大きさかなあ。
C　それだと当てはまらない動物があるよ。A の方がよく見る動物だから，
　動物園で飼育しているものかなあ。
T　（意見が出なくなってから）ヒントは，今が国語の授業であるというこ
　とです。
C　国語？　漢字？　あっ，わかった！　D のフェネックは漢字にできない。
C　確かに，キリンは難しいけれど漢字にできるよね。2文字だったと思う。
C　ライオンは？　ああ，「獅子」とも言うか。
C　となると，D は漢字にできない動物，C は2文字以上の漢字の動物だ。
　なら，A と B の違いって何？

③それぞれのグループの漢字の成り立ちを知る
　ここでタブレットを使い，漢字を調べる許可を与えます。児童はすごいス
ピードで調べ始めます。

C　タヌキは「狸」，キツネは「狐」，ネコは「猫」と書くみたいだよ。
C　わかった！　B は全部「ケモノ偏」の漢字だ！

　答えまでたどり着いたことを称賛した後，漢字の歴史について話します。
もともと中国にいた動物は象形文字に，あとから来た動物はケモノ偏を使っ
た形成文字に。そして実は漢字にできるゴリラは「大猩々」のような単語の
組み合わせで意味を表していったというように。授業後もタブレットで漢字
を調べ続ける姿が見られました。
　　　　　　　　　　　　　　　　　　　　　　　　　　　　（宍戸　寛昌）

算数

柿の種は何 g かな？

1 　授業の課題

> 　柿ピー１袋で200g です。柿の種とピーナッツの重さの比は６：４です。柿の種とピーナッツはそれぞれ何 g でしょう。

2 　授業のねらい

　重さの比が□：△だった場合を考えることで，全体をきまった比に分ける方法を考え，様々な場合の比を自分たちで試しながら楽しく取り組むことができる。

3 　授業展開

①柿の種とピーナッツの比を予想する

　実際に袋を見せて，柿の種とピーナッツは何：何と予想するかを問います。そこで出た比は，後に練習問題として考えることができるように，板書して残しておきます。

T　柿の種とピーナッツは，何：何の割合で入っていると思う？
C　７：３とか？　１：９や９：１は絶対に違う！　柿の種の方が多いから…
C　昔と今では，比が違うって聞いたことがあるよ。

T　昔は，6：4だったらしいから，まずはそれで解いてみよう。

②6：4の場合で考える

　自力解決の場面で，どの解法が多いかを把握しておき，その中で多いものから扱います。線分図をかいている子がいるかも確認しておきたいです。

C　6＋4＝10なので，200÷10をしました。そうしたら，1つ分が20gなので，柿の種は6つ分だから20×6＝120になります。

T　なぜ6と4をたしたのかな？　どうして10で割るの？

C　6：4の6と4で，全体を6：4に分けるから…（線分図をかく）

C　線分図があるとわかりやすいね。

C　私は，比を使った式で表しました。それは使えないってみんな言っていたけど，柿の種と全体と考えたら式に表せます。

C　200を1としたら，柿の種は $\frac{6}{10}$ にあたるので，200× $\frac{6}{10}$ としたよ。

③7：3の場合を考える

　6：4で考えたことがここで生かされます。線分図がかけるか，割合や比例式を使った解き方ができるか等こちらが確認したいことを扱うのもいいと思います。新たな練習問題を用意しなくてもこれが練習問題になりますし，はじめに様々な比を出させているのでそれも練習になります。

T　比が変わったから，難しいね。

C　さっきの考え方が使えるよ！　さっきと同じだよ！

C　どの解き方でもできそうだよ。

C　さっきとは違う考え方で解いてみよう。

C　さっきは図がかけなかったけど，今度はかけそうだな。

（桑原　麻里）

ぼくは，どうすれば いいのかな？

1　授業の課題

> 「ぼくは伴走者」を読んで，「友だち」と「きまり」について考えて話し合おう。
>
> （教材「ぼくは伴走者」の概要：車いすでマラソン大会に出場しているひろし。ゴール直前の上り坂，手から血が出ていた。ぼくの役目はひろしに危険が生じたとき，助けること。でもひろしは，自分でゴールしたいと言っている。どうしよう）

2　授業のねらい

「ぼく」の葛藤について考え，対話することを通して，「友情」と「規則」の道徳的諸価値の理解を基にしながら自己を見つめ，道徳的判断力を養う。

3　授業展開

①【導入】「友だち」と「きまり」について考える

モラルジレンマ教材という特性から，導入で２つの道徳的価値を扱います。

T　「友だち」ってなんだと思う？
C　仲良しな人。（など，様々な意見が出る）
T　いろんな「友だち」を見つけましたね。では「きまり」ってなんだろ

う？

C　守らないといけない。（など，同様に意見を拾っていく）

T　なるほど。今日は「友だち」と「きまり」について考えていきましょう。

② 【展開】主人公はどうすればいいのか考える

T　「ぼく」が車いすを押すとどうなるの？

C　ひろしは，今よりけががひどくならない。

C　でも，ひろしは自分でゴールしたいって言っていたから怒るだろうな。

T　そうだろうね。もし，車いすを押さなかったら，どうなるの？

C　ゴールできるかもしれないけど，もっと手から血が出ると思う。

T　そうかもしれないね。ぼくの伴走者としての役割ってなんだった？

C　走っている人に何かあったら，必ず助ける。

T　じゃあ，車いすを押さないといけないよね。でも押したら，ひろしはどう思うかな？（意図的に教師が無言になり）みんなならどうする？　考えをロイロノート・スクールに提出しましょう。

T　では，みんなの考えを共有したいと思います。気をつけてほしいのは，数が多いからその意見が正しいということではありません。選んだ「理由」を班で話し合いましょう。では共有します。

③ 【展開】話し合うことを通して，多面的・多角的に考える

C　ぼくは，押すよ。友だちのけがしているところを，見ていられないから。

C　私は，押さないではなくて，押せないかな。迷ってしまいそう。

C　それはわかる。ぼくは押すけど，ちょっと迷ってから押すと思う。

T　いろんな意見が出ていそうですね。せっかくなので，おうちの人の考えも聞いてみましょう。○○さんのお母さんならどうしますか？

T　すてきなご意見をありがとうございました。ではこの後，各班で話し合ったことをクラス全体に発表していきましょう。

（中村　優輝）

5
月

089

6月の
学級経営の
ポイント

1 慣れと意識の差が軋轢を生む時期。横のつながりを深める

　学校運営に携わる初々しさも6月に入ると薄れます。よくも悪くも6年生の生活に慣れてくる時期です。人間はどうしても慣れ（マンネリし）てくると，ネガティブな方向に流されます。4月は「1年生と遊んで喜んでもらえた」と感じても，6月になると「私は昼休みを使っているのに…」と同じことをしていても不満が溜まるようになります。これらはやがてクラスのグループ化や分断といった軋轢になっていきます。5月にWHY・HOWの大切さを書きましたが，こうした軋轢は教師と子どもたちの縦の関係だけでは乗り越えられません。子どもたち同士の横のつながりが必須です。相手がどのような人間か理解していれば，自分と違う行動をとっても受容したり許容したりすることができます。人間は「知らないものに対して敵意を抱きやすい心理」をもっているからです。

　さて，6年生として2か月が経ちました。あなたのクラスの子どもたちは，全員が全員と気兼ねなく話ができる間柄でしょうか？6月はぜひ横のつながりを意識してください。

2 修学旅行でだれとでもグループを組めるクラスを目指す

　私は高学年には「宿泊学習で『だれと組んでも大丈夫』とみんなが言えるクラスが理想です」と話します。高学年になると，特に6年生は「深くて狭い」関係に特別な友情を感じ出す年齢だからです。それは悪いことではないので決して否定してはいけません（この手の厳しい指導が後々に問題になるケースが多いです）。しかし，それに依存してしまうのは問題です。「広くて緩い」関係が重要であることもよく説明しなくてはいけません。これが人間関係のセーフティーネットになるわけですが，子どもたちは全く意識していないので，何度も丁寧に，あくまで具体的に説明する必要があります。私はよく「AさんとBさんはお互い親友だとする。いつも一緒にいる。もし，2人が大喧嘩をしたらどうなる？」，もしくは「AさんBさんCさんのグループでいつも行動していたとして，あるとき自分が仲間外れにされたらどうなる？」と問いかけます。困ったときに相談できる友だちが他にたくさんいれば，ほとんどの人間関係トラブルは問題にならないはずです。

3 授業でのペア・グループトークを
多く取り入れる

　では，どうしたら子どもたちは「広くて緩い」人間関係を形成できるのでしょうか。まずはコミュニケーションの頻度を意識してください。短くてもいいので，毎日多くの子と関われるようにします。朝の会などでペアトークの時間を取る時間的な余裕がなければ，授業で話し合い活動を多く取り入れます。今はペア・グループをランダムで組んでくれるソフトもあります。これらのICTソフトを使って，なるべく全員が全員と話す機会をたくさんつくりましょう。6年生なので様々なディスカッションの形式（ファシリテーションの技法）を取り入れるのも有効です。

4 自分が悪くなくても譲る必要が
あることを教える

　登校班や縦割り班での活動も「慣れ」の時期に入り，異学年とのトラブルが頻出するようになります。6年生が低学年と同じ目線で口論するのは問題外として，6年生にもなれば「自分は悪くなくても下級生をかばう」ことが増えます。子どもたちにもあらかじめ「6年生にもなると自分は悪くなくても譲ったり謝ったりしなくてはいけなくなる」と説明し，そういうときは（担任には）遠慮なく話してほしいと伝えておきましょう。黙って我慢してしまったことが，後々にトラブルに発展することもあります。

（須永　吉信）

「魔の6月」の
チェックポイント

生活面	□ごみ拾いを嫌う □叫んだり，怒鳴ったり，大声を出したりする □教室の中で追いかけたり，走り回ったりする □机の上やまわりが散乱している □言葉づかいに丁寧さがない □ネガティブな発言が多く聞かれる
学習面	□頬づえをついてすわったり，床に寝そべったりしている □号令でそろって起立することができず，一斉に声を出すことができない □勝手な発言が多い □顔を上げ，目線を合わせながら話を聞くことができない □すばらしいことがあっても拍手が起こらない □指示や説明の理解度が低い
対人面	□男女関係なく少人数のグループをつくることができない □友だちの名前を投げやりに呼ぶ □陰口やコソコソ話が聞こえてくる □固定化したメンバーが徒党を組んでいる □まわりを威圧し，自分勝手に行動する

1 生活面

学級が荒れてきたなと思うとき，きまって「言葉」が荒れています。

それによって教室の空気が一気に悪くなることもあります。

例えば「だるっ」「めんどっ」「終わった」など，係活動や当番活動，委員会活動などに対してネガティブな言葉を発します。

その際，頭ごなしに言葉づかいだけを切り取って指導するのではなく，その子の気持ちに寄り添いつつ，「どう表現するべきか」を一緒に考えるようにしましょう。

2 学習面

この時期，授業が成立しなくなるきっかけとして「顔が上がらない」場面が見受けられます。表立って邪魔をしたり，授業を停滞させたりするようなことはないのですが，どこか無気力であり，授業に無関心な子が増える時期です。1学期の半分を過ごし，成果や結果が出ないために，学習へのモチベーションが落ちている状態と考えられます。

一人ひとりとアイコンタクトを取りながら，わかる・できる授業に努めていきましょう。

3 対人面

生活面の言葉づかいにも関わることですが，まわりを威圧するようにして歪んだ人間関係を築いてしまう子が出てくる時期でもあります。

そうした子は教室の中で安心感を得られず，自分の居場所を探しているケースがあります。一人ひとりに寄り添うような生徒指導を心がけていきましょう。

（古舘　良純）

修学旅行
指導のポイント＆
活動アイデア

1　指導ポイント

☑ テーマソングで雰囲気をつくる

> みんなで盛り上がる楽しさは，学校の中では意外と少ない。「実際の曲＋少しの替え歌」で旅行の雰囲気をつくる。

☑ 先生も一歩踏み出す

> 子どもたちの非日常感にアクセントを加えるのが，先生たちの一歩踏み出す体験。大人の一歩は子どもたちに影響を与える。

☑ 子どもたちがつくる当事者となる

> 自分たちで決められることを増やしていく。手間はかかるけど，子どもに託さなければ，自分ごとにならない。

☑ 時間軸でつながりを考える

> 旅行前や旅行後も交えた体験のデザインをする。点だけだったものが線になってやがて縁になる。

☑ 次の６年生へ引き継ぐ

> 次の６年生へ引き継ぐ経験や知識があります。メッセージのやりとりや事後報告会に招待して，学校文化をつくっていく。

2　活動アイデア

①テーマソングで雰囲気をつくる

　我が家は家族旅行でテーマソングを決めています。自分たちの好きな流行りの歌を，車で熱唱しながら目的地へ向かうのは，楽しいものです。

　修学旅行でもよくテーマソングをつくっていました。貸し切りの列車やバスの中，旅館に着いてからの夜の出し物の際に，帰ってきて楽しさを分かち合う時間…，歌は力を与えてくれます。歌詞も含めて，今回の修学旅行の目的に沿ったものであれば，その一部を変えて歌うぐらいでいいはずです。歌ひとつでこんなに変わるものかと，いつも驚かされます。

②先生も一歩を踏み出す

　Leader の語源は「一線を越える」こと。自分がつくった境界線を一歩踏み出して越えていく人はリーダーなんですね。先生も一歩踏み出し続けることを，学級経営でも大事にしていました。修学旅行では，先生も出し物の１つを担当し，冷や汗をかくことをやり切ります。先生の一歩と，旅行ならではの非日常感が，子どもの一歩もきっと後押ししてくれるでしょう。

③子どもたちをつくる当事者とする

　なるべく子どもたちが決めることで，旅行の当事者になることができます。
　オルタナティブスクール「ヒミツキチ森学園」では，昨年度はじめての修学旅行を実施しました。どこに行くか，どうやって行くか，どこに泊まるか，何をするか，予算はどうするのかまで，子どもたちで決めました。旅行直前まで，友だち同士でも揉める こともありながら，一生懸命準備しました。旅行当日は，それぞれが決めたアクティビティや食事場所を味わい，この場所に決めてくれた友だちにも感謝し合って，最高の修学旅行になりました。帰りのフェリー，バス，電車でだれ一人眠らなかったのははじめてです。

　極端な例かもしれませんが，当事者になるとはそういうことだと思うのです。ほとんどのことが決められていて，ついていくだけなら，家族旅行と変わりません。子どもたち自身がつくり手になれるよう，先生もできる手立てを尽くしてみてください。

④時間軸でつながりを考える

　修学旅行に行く前に，現地の方々に対してできること，最中にできること，終わってからできることを考えます。子どもたちと現地の方々は，修学旅行当日だけだと点でしかつながりません。
　上の修学旅行の例では，旅行先の伊豆大島のパン屋さんに行くことになりました。事前に電話してメニューを聞いたのですが，どうしても子どもたちの到着時刻には店が閉まってしまう時間に。自分たちの想いを伝えると，お店の方の優しさで取り置いて待ってもらえることになりました。旅行当日，

走りながらお店につき，感謝の気持ちを伝えることができました。おまけの
サービスまでもらった子どもたち。島の人の優しさに感動し，帰ってきてか
らも，お礼の手紙でさらなる交流が続きました。

　こうやって線でつながると，人とのつながりも縁になっていきます。この
縁が大人になっても，満たされた記憶を蘇らせてくれるのかもしれません。

⑤翌年の６年生へ文化を引き継ぐ

　修学旅行から帰ってくると，「お帰りなさい！」の文字が黒板いっぱいに
書かれていました。それに感動した６年生は，保護者と５年生向けに報告会
をすることになりました。

　自分たちがやってうまくいったことやわかったこと，修学旅行の楽しみ方
をまとめ，５年生に発表して伝えました。５年生は翌年の修学旅行への期待
感が膨らみ，いい時間となりました。

　こうやって，自分たちの時間軸だけではなくて，その翌年以降，学校全体
の文化となって引き継がれていくことは大事なことです。ぜひ，次の年への
架け橋もデザインしてみてください。

（青山　雄太）

雨の日も楽しめる教室・体育館あそび

「同じ」を避けて高得点を目指そう！
セイムカット

 時間 **3分**

 準備物 ●紙
●鉛筆

ねらい

　友だちが考える数字を予想しながら高得点を目指す活動を通して，思考する力を高める。

1.ルールを理解する

今から「セイムカット」をします。全員，1〜50の数字から1つを選んで紙に書きます。選んだ数字がそのまま得点になりますが，同じ数字を書いた人が他にもいたら得点なしです（0点）。なるべく高い，オンリーワンの数字をねらってください。

2.ゲームに取り組む

ゲームを始めます！　全部で5回やり，合計点数が高かった人の勝ちです。では，1つ目の数字を書いてください。

もちろん50でしょう。

被りたくないから…38ぐらいにしようかな。

では50からカウントダウンしていきます。50って書いた人？

 はい！　うわーっ，３人も被った！

 残念，３人は０点です。数字を斜線で消しておいてください。次，49？　いないですね。48は？…

 これで全員出ましたね。では２回戦に行きます。新しく数字を書いてください。

 よーし。今度こそ50点取るぞ！！

3. ゲームの結果を確認する

 ではこれで５回戦終了です。合計得点を聞きます。100点以上の人？　150点以上は？　おぉー。Aさん，何点ですか？　Bさんは？

 私は，178点でした！

 すごい！　今回の優勝はBさんでした！　みんな拍手！

＼　プラスα　／

　担任が選んだ数字と被ったら－10点とか，逆にボーナスで＋10点など ラッキーナンバーを加えてもおもしろいです。また，一番上と一番下の 数字が０点になる「ハイカットローカット」ゲームもあります。

6 June

いくつの丸をかけるかな？

丸かきリレー

| 時間 | 5分 | 準備物 | ●紙
●鉛筆 |

ねらい

チーム対抗で行うことで友だちとのコミュニケーションを深めたり，信頼関係を高めたりする。

1.ルールを理解する

今から「丸かきリレー」をします。黒板に，B4サイズの紙を4枚貼りました。ここに丸をかいていきます。チームは，教室内の列対抗です。まず1人目は，紙になるべく大きな丸をかいてください。次に2人目，1つ目の丸の内側に，ぶつからないように丸をかきます。3人目も同じようにかきます。時間がくるまで繰り返します。

線がぶつかっていた場合は，ぶつかった2本はカウントしないので気をつけましょう。時間内にたくさんかけたチームの勝ちです。制限時間は2分です。それでは始めます。

> うまくいくコツ
> チョークでかいてもOK。各チームのスペースがそろうように注意。

2.ゲームに取り組む

なるべく大きな丸っと。よし，交代！

たくさんかきたいから，1つ目の丸ギリギリを狙うぞ。

 時間かけすぎー！　急いで急いで！

 そこまでー！　ではいくつの丸がかけたかカウントします。列ごとに紙を交換して，正確にカウントしてあげてください。

 18個かいてるけど，こことここがぶつかってるから16点だね。

 うわー，厳しいなあ。

\ ポイント /

　限られた紙のスペースになるべくたくさんかきたい。でも前の人の線ギリギリだとスピードが落ちたり線が重なったりしてしまう。スピードを優先して余白を大きめにとってかくと，後半描く場所がなくなる可能性がある。この，正確性とスピードのジレンマが楽しいゲームです。

全員安心で楽しもう！

天下統一ドッジボール

 時間 | **5分**

 準備物 | ●柔らかいボール（ソフトバレーボールなど）

ねらい

柔らかいボールと特別ルールを適用した活動を通して，苦手意識をもっている子どもも含めた全員が楽しめる時間にする。

1．ルールを理解する

今から「天下統一ドッジボール」をします。まず全員，体育館全体にバラバラに広がります。このゲームでは，チームもコートもありません。ボールを捕った人はだれにでも当てることができます。当たってしまった人はステージの上へ退場です。ただし自分を当てた人がアウトになると，復活することができますよ。笛が鳴ったときに残っていた人たちの勝ちです！ さあ，天下統一できる人は現れるでしょうか？

2．ゲームに取り組む

うまくいくコツ
「柔らかいボール」を「複数」使って，苦手な子もたくさん投げられるようにする。

では，ゲームスタートです！
（ボールを4～5個，投げ入れる）

わ，当てられちゃった。当てたのはAさんね，覚えておかなくちゃ。

私もアウトになっちゃった。Ａさん強いね，何人も当ててる！

 あーっと，ここで一騎当千の活躍を見せていたＡさんがアウトです！ Ｂさん，やりました！

 あ！ Ａさんアウト！ やったあ，復活できるぞ！

3. 活動を振り返る

 ピピーーッ！ ここまで。今残っている人たちの勝ちです。

 やった，勝ち残れた！ ドッジボールは苦手だけどこれなら楽しい！

（北川　雄一）

6月

＼ ポイント ／

　たくさんの人を当てた子が，終了間近に当てられて大量復活！ なんてことが起こるのもおもしろいところです。ボールも柔らかいので当たっても痛くないですし怖さも半減。コートもチームもないので，「お前のせいで負けた」なんて言われることもありません。みんなでわいわいと楽しみましょう！

7月の
学級経営の
ポイント

1　委員会やクラブなどの評価カードを生かして達成感を生む

　ほとんどの学校で児童会活動に対しての評価カードがあると思います。例えば委員会，クラブ活動，縦割り班活動，縦割り清掃などの評価カードです。これらは補助簿的な意味合いが大きいため，普通は評価内容を子どもたちに知らせません。しかし6年生はリーダーとして目標をもって活動に取り組んでいるわけですから，こうした評価はなんらかの形で子どもたちに還元するとよいでしょう。具体的には3段階評価ならば全体的な傾向を示す，コメント評価ならばよい内容を読み上げるなど，子どもたちが「2学期はもっとがんばりたい！」と思えるようにできたらすてきです。また，これらの評価は夏休みの個人面談での1つの話のネタになります。よい評価は積極的に家の人に伝え「家でよくほめてください」「感謝していると伝えてください」と話すと，子どもたちにとってもさらなる励みになると思います。

　なお，評価カードの内容を子どもたちに還元してもよいか，児童会主任の先生などにあらかじめ確認を取るようにしましょう。

2　6年生の特権を生かして，楽しいイベントを企画する

　1学期の終わりにお楽しみ会を開くクラスは多いと思います。今まで「6年生だから」という理由で様々な責任を担ってきたと思うので，ここで発想を転換しましょう。「6年生」の特権を生かして，いつもとはひと味違うイベントを開くのです。私の経験では（10年以上前のものも含まれますが）「お菓子づくりコンテスト」「ウォークラリー」「マンガ喫茶」「（体育館を使って）お化け屋敷」など数々のイベントが企画されました。学校の規模や状況，感染症対策などで現実的ではない場合は「お楽しみ会の時間を増やす」「学年合同で遊ぶ」「プールで水球などをする」などのちょっとしたプラス要素でもいいと思います。子どもたちが「6年生でよかったな！」と思える何かがあるといいです。他の学年の先生も「いつも6年生にはお世話になっているでしょ」とクラスの子を説得しやすく，比較的迷惑がかかりません。他の学年に自慢しないこと，管理職に事前に許可を取ることなどは必要ですが，ぜひ6年生の特権を生かして楽しいイベントを開いてください。

3 夏休みの宿題は中学校を見据えて 自分でやるように伝える

「夏休みの宿題は親の宿題ですよね」と保護者に聞くと，ほぼ100％うなずいてくれます。学校によってはたくさん宿題が出るので仕方がないのかもしれませんが，もう6年生なので中学校を見据えて，宿題は（特に理由がなければ）自分でやるように念を押し，作品づくり（作文・ポスターなど）は自分で取り組めるように必要に応じて学校で助言をしておきましょう。多すぎる宿題は削減するのも1つの方法です。または自由度を上げて，夏休みに取り組む学習を自分で計画させるのもよいでしょう。中学校に向けて，何事も自分で決めて自分で取り組む意識が大切です。

4 最後の夏休みは 思い出づくりに力を貸す

せっかくの小学校最後の夏休みなので，教師が少し思い出づくりに協力してあげるのもよいと思います。今は夏休みに入ってしまうと夏休みの終わりまでだれとも会わない子が増えています。そこで共同で理科研究や作品づくりに取り組んでもよいことを伝え，事前に計画する時間を取るのです。もちろんやるかどうかは自由ですが，教師が思いつかないような企画に取り組むグループが出るなどしてなかなかおもしろいです。なお，取り組む際には（外出や金銭が伴う場合は特に）保護者の許可を必ず取るように伝えましょう。

（須永　吉信）

7月

1学期の振り返り

1　学級づくり

　6年生は，認知能力が飛躍的に向上し，今まで教師の言うことを素直に受け入れていた子どもたちが，他の大人との比較の中で教師という存在を捉え始めるようになる時期です。特に，これまで教師主導のクラスで過ごしていた子どもたちの中には，潜在的な不満を溜めている子が少なからずいるかもしれません。しかし，これは子どもたちの主体性の芽生えであり，自治的なクラスをつくるチャンスにもなります。だからこそ，1学期は，子どもたちとの個人的信頼関係をつくり，掃除や給食，朝の会や帰りの会など，学級生活において必要な最低限のことが円滑にできるようにすることが必要です。

　以上の点を踏まえて，次のような視点で1学期を振り返ってみましょう。

□子どもたちは安心して学級生活を送れているか。
□クラスの中で，子どもも教師も一緒に笑っているか。
□朝の会や帰りの会，給食や掃除などの日常生活が円滑に送れているか。
□失敗したときには，互いにフォローし合う関係ができつつあるか。
□子どもたちが，互いに認め合う姿が見られるか。
□自ら声を出すことが苦手な子も活躍できる場面があるか。
□教師の話にほとんどの子が明るい表情で耳を傾けているか。
□朝の会や帰りの会は，自分たちでてきぱきと進めているか。
□教師は，命や人権にかかわる事案について毅然とした態度で指導を行っているか。

2 授業づくり

　6年生は，発達段階の特性上，教師や親よりも友人との交流を重視する傾向があるといわれています。友人関係の悩みを抱えやすいこの時期だからこそ，友だちと上手に関わるために必要なことを教師がイニシアチブを取って丁寧に伝えなければなりません。具体的には，授業中の話し合い活動では，「相手の話を最後まで聞く」「グループ全員の発話量が同じくらいになるようにしよう」等，相手意識に関わることです。相手意識を高めていくためにも，子ども同士の関わる頻度を増やしていくことで，2学期にはより質の高い対話的な授業や，アクティブ・ラーニングが成立するようになります。

　以上の点を踏まえて，次のような視点で1学期を振り返ってみましょう。

□子どもたちは自分の意見を発表できているか。
□授業のはじめと終わりで，気持ちよくあいさつができているか。
□教師が話を始めると，子どもたちは手を止めて耳を傾けているか。
□教師は子どもたちが関わり合う機会が定常的に設定しているか。
□子どもたちに対して「隣同士で相談しましょう」と教師が指示を出したら，すぐに話し合いに入れるか。
□子どもたちに対人関係上のルールやマナーが共有されているか。
□教師が主導となる一斉授業が成立しているか。
□教師は目標と学習と評価の一体化を意識できているか。

（水流　卓哉）

保護者面談のポイント

1 事前準備に力を入れる

①机のレイアウトを整える

　レイアウト１つで面談の雰囲気が変わります。基本的に下のように保護者と教師が斜めの場所にすわる形がおすすめです。正面で向き合わないので身体的な距離を保ちつつも心理的な距離は遠くならず，緊張感が和らいだよい雰囲気で行うことができます。

Ⅱ字型で斜めにすわる形

Ｌ字型で斜めにすわる形

②時計を置く

　互いに時間を調整したうえで面談を実施しています。会社を抜け出して来校している保護者もいらっしゃいますから，時間は絶対に守ります。遅れれば次の保護者や同僚に迷惑がかかり，多方面からの信頼が損なわれます。信頼を得るはずの面談でそのようになっては本末転倒です。時計を保護者にも見えるところに配置し，両者が時間を意識できるようにします。

③情報を整理する

　保護者が知りたいことは，「学力・授業の様子」「友人関係・休み時間の様

子」「我が子のよさ・課題」の３つです。普段からこの３つについてメモし，情報が足りなければ早めに子どもをよく観察したり，振り返りのアンケートを行ったりして把握しましょう。成績表の他に，子どもが活動している写真も用意します。百聞は一見にしかず。イメージしやすく説得力が増します。

2 保護者の関心に応じて面談の重点を変える

　基本的な面談内容は，①家での様子，②学力や授業の様子，③友だち関係・休み時間の様子，④その他（学校へのお願いなど）の流れで行います。保護者の話を聞くことを大切にして，教師は保護者が一番聞きたいことを中心に話します。小学校生活最後の年です。最高学年として人前で活躍する場面も多い一方，責任感や中学校進学などへの不安からストレスを抱えやすい時期でもあります。思春期・反抗期に入る子どもが多く，家で反抗的態度に悩む保護者もいらっしゃいます。学校としてできることと家での対応策について伝えます。また，中学受験の有無についても話を聞き，調査書作成等の必要があるかどうかも確認しておきます。

3 課題とよさは１：５で伝える

　学級全体ではなく，その子ならではの内容を伝えます。何のときに何をしていてどうだったのかを丁寧に話すことで，保護者は「しっかり見てくれている」と安心感を抱くことができます。また，課題を伝えるときには，その子のよさを５つは伝えてからにします。課題ばかり言われてもよい気分にはなれません。大切な我が子のことです。よさを５つ伝えられ，ようやく１つの課題を受け入れられるものです。もちろん，課題を伝えた後は，その対応策もセットで伝えていきます。帰りに「来てよかった」「明日も安心して学校に通わせよう」と前向きに思ってもらえる面談を目指しましょう。

（日野　勝）

1学期の通知表文例

●学級の仕事を率先して果たそうとしていた子ども

> 係活動では，理科係として，必ず教科担任に確認のうえ，次時の予定を仲間に伝えたり，提出物のチェックをしたりするなど，自分の仕事に責任をもって取り組むことができました。

係活動については，具体的な活動を明記したうえで，その様子を保護者にも伝わるように明確に示すことが大切です。

●基本的な生活習慣が確立している子ども

> 学級の仲間だけでなく，廊下ですれ違う教職員や来校者に対しても，自分からあいさつをすることができました。清掃活動では，教室の床を水拭き雑巾で隅々まで拭くなど，一生懸命丁寧に活動しました。

あいさつや清掃を進んで行う子どもは所見が書きやすいものです。ただし，通知表の他の項目（生活の記録）と一致していることが大切です。

●授業のペースをなかなかつかめなかった子ども

> ○年生のときと同じようにがんばっています。学習進度には徐々に慣れてくるので，今の姿勢で授業に取り組めば心配は無用です。

所見では具体的な指導事項ではなく，励ましの言葉を伝えます。

●友だちにやさしく接することができる子ども

> 友だちが困っているときには，ずっとそばにいて，やさしく静かに相談に乗っていました。相手の気持ちに寄り添える○○さんがいると，クラスが優しい雰囲気になります。

友だちに寄り添うやさしさが，クラスに影響を与えていることを伝えます。

●清掃に責任感をもって取り組む子ども

> 清掃では，廊下を隅から隅まで水拭きをしていました。○○さんの一生懸命に雑巾がけをする姿は下級生たちのよい手本となりました。

よい姿が，下級生の手本になっていることを伝えます。

●安全に気をつけて登校できる子ども

> 朝の登校では，登校班長として１年生が遅れないように，時折後ろを確認しながら安全に登校していました。

上級生としての役目を果たしていることを伝えます。

●つい大きい声が出てしまう子ども

> ○○さんのあいさつは，いつも遠くから聞こえてきます。毎朝，○○さんのあいさつから元気をもらっています。

大きな声が生きた場面を評価して，本人の励みになるように伝えます。

●自分の体力に関心が高い子ども

　スポーツテストでは，自分の体力に関心をもち，去年の記録をもとに目標をもって取り組みました。特に，シャトルランでは，ずっと続けてきたランニングの成果が表れ，大きく記録を伸ばしました。

目標に向けて努力したことを評価し，伝えます。

●6年生代表としてがんばった子ども

　入学式では，学校の代表として落ち着いた態度で堂々と「お迎えの言葉」を言うことができました。

代表としてのがんばりを評価することで，6年生としての自覚を促します。

●代表の役割をしっかり果たした子ども

　離任式では，転出する職員一人ひとりに向けて，それぞれお世話になったことへ感謝の気持ちを贈ることができました。

代表の役割を果たせたことを評価し，次の活躍への期待も込めて伝えます。

●発表が苦手でもチャレンジした子ども

　1年生を迎える会では，縦割り班の代表あいさつに立候補しました。当日は，しっかりと自分の役割を果たすことができました。

チャレンジした気持ちを汲み取り，評価します。

●活動を工夫していた子ども

> イラスト会社では，1人1台端末を使って事前にアンケートを取り，みんなの希望にそってイラストのかき方を発表していました。

係活動において自主的にアンケートを取ったという主体的な姿勢を評価します。

●所属する委員会で活躍する子ども

> 給食委員会では，給食に出されている料理や食材についてパソコンで事前に調べ，お昼の放送でゆっくり丁寧に発表していました。

なかなかがんばりが見えにくい委員会で活躍している内容を，保護者にも伝わるように説明します。

●自身の整頓が苦手で取り組まない子ども

> 4月の間，毎朝1年生の教室に行き，ランドセルの片づけや荷物の整頓のお手伝いを熱心に行っていました。その姿を見た1年生にも慕われていました。

できないことを記述するのではなく，「整頓」のよさを伝え，関心をもってもらいたいという願いを込めて伝えます。

（五十嵐太一）

8月の学級経営のポイント

1 中学校の進学を視野に，個人面談の準備を進める

　7月下旬から8月の上旬にかけて，個人面談を行う学校がほとんどだと思います。1学期の学校の様子や家での過ごし方について話をすると思いますが，6年生は中学校進学を控えているので，それを見据えて話をしないといけません。コロナ禍の影響もあり，保護者と確実に話せる機会はこの個人面談しかないからです。受験を控えている場合は書類の準備が必要になります。進学先によっては2学期に進学説明会にも出なくてはいけなくなります。スポーツなどを理由に学区外の中学校に進学することもあります。さらに受験の有無だけでなく，中学校進学に関する心配事や入りたい部活動などについても聞いておくと，後々何かと役に立ちます（例えば入学時のクラス編制など）。そのためにはまず自分が近隣の中学校について詳しくないといけません。最低限でも部活動と行事については把握するようにしましょう。質問項目は学年であらかじめ相談するといいと思います。受験の有無に関しては，確実に主任や管理職に報告しておきましょう。

2 修学旅行の下見は長期休みを利用して計画的に行う

　1学期に修学旅行に行く場合もありますが，大多数は2学期だと思います。2学期は運動会や持久走大会などの大きな行事があり，そこから準備を始めるとかなり大変です。私事ですが，単学級を担任しているとき，夏休み明けに運動会と修学旅行の準備を並行して進めることになり，かなり後悔した覚えがあります。夏休み中に進めるだけの準備は進めておくべきです。旅行会社に委託している場合は，夏休み中に仕事ができるように早めに手配をしてもらいましょう。最低限でもタイムスケジュール，ホテルの部屋割り，見学先の予約ができていれば実施計画，保護者用のたより，しおりは作成しておくことができます。

　また，修学旅行は宿泊学習とは違い，一般の施設に泊まります。下見の際にはルームキーやシャワールームの使い方などを写真や動画で撮影しておくと事前指導が格段に楽になります。班別行動がある場合には，おすすめのお店や見学先の写真を撮っておくのもいいですね。繁華街の場合は日中の混み具合もチェックしておきましょう。

3　8月の終わりに手紙を出すか　学校の連絡システムを活用する

今は暑中見舞いや年賀状を出すのは稀かもしれませんが，もし出す場合は学校が始まる直前，夏休みなら「残暑見舞い」にするのがおすすめです。心配な子には始業日前に連絡を，と管理職から指示されると思いますが，そもそも長期休み明けはどの子もしんどいはずです。学校が始まる直前に先生からハガキが届けば，きっとみんなうれしいはずです。私は2〜3日前に届くようにしています。今は「学校連絡アプリ」を導入している学校が増えましたから，担任からのメッセージを一斉送信してもよいと思います。始業式用の黒板メッセージを添付してもよいですね。

4　2学期全体を見通し，ある程度の教材研究を進めておく

夏休みのうちに，なるべく先まで教材研究を進めておきましょう。6年生の学習は準備が必要な単元が多いです。例えば2学期の理科は薬品を扱います。慌てて準備をすると大きな事故につながります。子どもたちへの使わせ方の指導はもちろん，薬品の希釈や廃棄の仕方などもマスターしておきましょう。理科準備室の在庫チェックも行い，必要なものは夏休みのうちに発注しておきます。薬品の発注は理科主任の先生に相談する必要があります。先生たちが長期休みに入る前に済ませておきましょう。

（須永　吉信）

8月

115

9月の
学級経営の
ポイント

1 最高の思い出づくりに向けて，何事にも一致団結を目指す

　1学期は6年生の特色上，どうしても学校運営を意識しなくてはいけません。私自身，なかなかクラスに目を向けさせる時間が取れませんでした。しかし，2学期は子どもたちも6年生であることに慣れてきます。同時に2学期は運動会や修学旅行など，クラスにとって大切なイベントが目白押しです。何をするにしても「最後の〇〇」になりますよね。指導に力が入るあまり，押しつけがましくなってしまうのは逆効果ですし，行事に対する思いは子どもたちそれぞれで構わないと私は思います。それでも「小学校最後」であることは意識させたいものです。事前・事後指導でめあてや振り返りを書かせたり，学級会を開いて話し合ったりして，ぜひ一つひとつの行事をクラスで大切にする雰囲気づくりを心がけてください。2学期の後半は卒業アルバムづくりが始めるので，それを意識させてもいいですね。一つひとつの行事の記録は積み重ねられるようにし，キャリア・パスポートや学習ファイルなどに保存すると後で見返すことができます。

2 「イジリ」や「からかい」を見逃さない姿勢をもつ

　6年生も2学期になると「大人っぽいノリ」がわかるようになります。特に長期休み明けは一段と大人っぽくなります。大人が言う冗談を理解できるようになり，子どもが自ら「ボケ役」を買って出たりするようになります。また，5年生のころは即ケンカにつながっていたイジリやからかいも，子ども同士で許容できるようになります。言う方も言われる方もマイルドになってくるわけですね。だからこそ，そういった悪ノリやイジリが常態化しないように細心の注意が必要です。重箱の隅をつつくようでは逆効果ですが，時には「（イジリやからかいは）たとえ大人になってもやってはいけない」ときっぱりと指導しなくてはいけません。トラブルに発展しないからといって，こうした問題を軽視しているとどんどん全体の雰囲気が悪くなったり，後々に重大なトラブルに発展したりします。教室に毎日いると気づきにくいので，授業交換をしている先生に聞いたり，子どもたちにアンケートを取ったりするなど，風通しのよさを常に意識するようにしましょう。

3 修学旅行ではどの子も満足できるように格段の配慮をする

宿泊学習で一番トラブルになるのが班決めです。全員思い通りに組めるわけではないので，我慢したり譲ったりしたことが，後々尾を引いて問題になります。最後の修学旅行はぜひ全員が最高の思い出づくりをできるよう配慮したいものです。班決めの際には子どもたちの様子をよく見取り，その場で無理には決めずに柔軟に対応してください。私はうまく班が決められないときは「午前の班別活動」「午後の班別活動」「行きのバス」「帰りのバス」「部屋」というようにたくさんの班をつくり，どの子も１つは希望通りになる班ができるようにしています。

4 卒業に向けて，学級・学年で学校発表の計画を立てる

コロナ禍の影響で，学校行事がめっきりと減ってしまいました。学級・学年発表の機会が一度もない学校も珍しくないでしょう。しかし，制限も緩和された今なら不可能ではないはずです。学級・学年発表を一度もしないまま卒業するのはあまりにもさびしいです。最後の授業参観や６年生を送る会などに学級・学年で演奏をする，実演が無理ならば動画を撮影して放映するなど，特例として６年生だけでも許可してもらい，卒業に向けて思い出づくりができるように，今から学年内で相談・計画ができるといいと思います。

（須永　吉信）

9月

117

2学期はじめの
チェックポイント

生活面	□教室をきれいに保とうとする子，さっとごみを拾う子が多くない □自然な笑い声が少なく，大きな物音がする □マイナス発言が聞こえてくる □友だち同士の注意がきつい □集合・整列の際，並び順を勝手に変えてしまう子がいる
学習面	□いすに深くすわり過ぎたり，背中が曲がったりしている □号令に覇気がなく，声を出さない子がいる □まわりの様子を見て発言することができない □相づちを打ったり，返事をしたりしながら話を聞くことができない □プリントを無言で後ろに渡す
対人面	□グループの固定化が見られ，だれとでも関わることができない □敬称で名前を呼ぶことができない □保健室に入り浸る子がいる □休み時間にいつも1人になっている子がいる □立場の弱い子が，仕事を押しつけられていることがある

1 　生活面

　始業式，学年集会，身体計測など，集団行動の機会が多い学期はじめです。2学期スタートでは，集合・整列に気をつけてチェックします。

　6年生ですから，もちろん「自分たちで考えて並ぶ」ことも大切です。しかし，教師から「こうする」と指示を出してしまった方が早い場合もあります。なんでも任せてしまうのではなく，「これでいく」と決めてしまうことも重要です。

2 　学習面

　2学期スタートは，授業の空気づくりが必要になってきます。どう一体感を生み出し，全員を巻き込んで授業を進めるかという視点が大切になります。

　特に発言が単線にならないように気をつけ，活発な子どもたちの発言につながりを生み出すことを意識しましょう。

　発言のつながりは，他者意識のある学びそのものだと考えてください。

3 　対人面

　休み時間の過ごし方に目を光らせておくようにしましょう。休み時間にいつも1人になっている子がいる，頻繁に保健室に向かう子がいる，いつも同じ子ばかりが仕事をしている…といったことがないようにチェックしておきます。

　学級に居場所がない，安心感がないという子は，休み時間が苦痛になりかねません。いじめなどの小さな芽は，休み時間に生まれ育ってしまいます。休み時間をきちんと学習の準備にあてたり，学級活動の時間に用いたりできるような文化を形成しながら，人間関係を育てていきたいものです。

（古舘　良純）

避難訓練
指導のポイント

1 避難訓練への「構え」をつくる

　火事や地震等の恐ろしさを伝え，素早い行動が求められることを事前の指導の中で改めて確認します。また，「自分で判断する」場面を意識させます。さらに，「6年生の姿を最高のモデルとして下学年の子どもたちが学びを深めるのだ」ということも強調してよいでしょう。

2 事前指導の中で標語を確認する

　「おはしも」など定番のキャッチフレーズを覚えているか確かめておきます。担当の分掌から出されている内容を確認しておきましょう。

3 事後の振り返りを丁寧に行う

　避難訓練は，実際に避難が必要な事態が起きた場合に備えて，「前もって」行うものです。つまり，訓練したことを実行できなければ，訓練の効果はなかったということです。しかしながら，実際に避難が必要な事態が起こるまで，そのことを確かめる術はありません。そこで，訓練の振り返りが大切になります。「おはしも（ち）」の約束が守れたかどうか，校内放送をよく聞いて素早く行動できたかどうか，自己評価する機会をつくります。

　特に，事前指導の中で取り上げていた自己判断の場面に焦点化して考えるようにすると，指導の効果が高まります。「防火扉はどのように通り抜けるのがよいか」「階段で他の学年と会ったときにはどうしたらよいか」など，子ども自身の「判断」を問われる場面で，どのように考え，行動したかについて振り返り，訓練の精度を高めるようにします。また，「お手本にふさわしい姿であったか」についても振り返ります。

(藤原　友和)

September

みんなで協力して名前を呼ぼう！

私はだれでしょう？

・・

 時間 **10分**　 準備物 なし

ねらい

名前を呼んでいる相手がだれなのかを当てる活動を通して，集中して友だちの声を聞こうとする意欲を高める。

1.ルールを理解する

今から「私はだれでしょう？」というゲームをします。ルールを説明します。○○さん，前に出てきてください。○○さんは黒板の方を向いて立ちます。振り向いてはいけません。他の人のうち，だれか1人が「○○さん」と名前を呼びます。バレないように声色を変えます。だれに呼ばれたのかを当てるゲームです。

2.練習を兼ねて2，3回行う

では，実際にやってみましょう。
（1人を指名し呼ばせる）

うまくいくコツ
教師が声色を変えてやってみせると一気に場が和む。

○○さん！

えっ？　だれだ？　わかんないなあ。××さんかなあ。

122

□□さんうまいなあ。

 え？　□□さんだったの？　全然わかんなかった。

3. 本番に取り組む

 では，本番に入ります。（意図的にうまそうな子を指名）

 ○○さん！

 ◆◆さん！

 当たり！　じゃあ，今度は◆◆さんが当てる役ね。

\ ポイント /

　呼ぶ子は音が立たないように移動して，座席配置でわからないようにするとより盛り上がります。

みんなで手をたたこう！
リズムあそび

| 時間 | 3分 | 準備物 | なし |

ねらい

手をたたく簡単な動作をクラス全員で行う活動を通して，達成感と一体感を味わい，教室の空気をあたためる。

1.ルールを理解する

今から「リズムあそび」をします。先生の真似をしてください。真似は鏡で OK です。

2.練習する

 パンパンパンパン！

 パンパンパンパン！

 パンパンパンパン！

 パンパンパンパン！

 そうそう上手，上手！

> **うまくいくコツ**
> 全員がついてこれるようにゆっくりしたスピードで行う。

3. 手を叩く位置を変える

 次ね。（頭の上，顔の右・左と，変えながら4拍子をたたく）

4. レベルアップしたものに取り組む

 先生の真似をしながら，同時に先生が次にたたくリズムをきいて，
追いかけてください。いくよ。パンパンパンパン！

 パンパンパンパン！ パンパパパンパン！

 パンパパパンパン！

 おお，うまいうまい！

＼ ポイント ／

　教師のリズム感が試されるように思いますが，要は好きなようにゆっ
くり手をたたくだけです。

みんなで真似しよう！

シンクロゲーム

| ⏰ 時間 | 3分 | 📝 準備物 | なし |

ねらい

言葉を発さず，ただ動作だけを全員で真似する活動を通して，自然に笑いが生まれ，場の空気を和ませる。

1. ルールを理解する

 今から「シンクロゲーム」をします。先生の真似をしてください。真似は鏡で OK です。全力で真似してください。

2. 練習する

 （ゆっくりパントマイムのように，上を向いたり，下を向いたり，首の体操のように頭を動かす）

 （各々が自分の全力で真似をする）

> うまくいくコツ
> 立つと教室が騒然とするため，すわったままが適当。

 （頭の動きに手の動きを加えながら）おお，みんな上手，上手！

 なんだか首の体操みたいだね。

126

3. 本番に取り組む

 今度はだれかに先生役をやってもらおうかな？

 はい！　じゃあ，みんなついてきてね！

 あんまり速かったり，レベルが高い動きはやめてね！

 わかってますって，先生！　いくよ！

（駒井　康弘）

＼　プラスα　／

　体育の時間に広い体育館で行うことによって，より大きな動作で行う
ことができ，教室以上に盛り上がります。

10月の
学級経営の
ポイント

1 多様な個性を認め合い
お互いを尊重する態度を養う

　私はペア学年活動（5・6年）を多く経験してきました。5・6年生を常に見比べながら指導をしてきたのですが、6年生が本当に「大人っぽくなったなあ」と感じるのは10月くらいからでした。見た目ももちろん、雰囲気もがらりと変わってきます。これまでとは違い、大人らしい視点で性に関して興味をもち始めます。教室でも休み時間などに子どもたちのそうした話題を小耳にはさむようになるはずです。また、身体的にも大きく成長するため、体つきなどに関してコンプレックスを抱きやすくなります（女子だけに限りません）。性差に関して格段の配慮をするのは当然として、そもそも「同じ人間」はこの世に1人としていないこと、それぞれの違いが世の中を豊かにしていることなどをしっかりと子どもたちと考える時期です。性に関することもむやみに禁止するのではなく、養護教諭とも相談して、性に関する知識や公共の場でのマナーをしっかりと身につけられるようにするとよいでしょう。成長の機会と捉え、しっかりと向き合うことが大切です。

2 プラスワンの工夫で
思い出に残る運動会にする

　運動会はコロナ禍や働き方改革の影響で、練習回数や競技内容が大幅に削減されていると思います。毎年の猛暑を考えると、もはや「増やす」のは現実的ではありません。しかし低学年のダンスとは違い、高学年の集団演技はある程度練習回数が必要です。最後の集団演技は見ごたえのあるものにしたいのが担任の本音ですが、それには練習回数が圧倒的に足りません。そこで0からつくり上げるのではなく、「5年生のときの演技をバージョンアップさせる」という視点で演技を構築します。例えば5年生のときにソーラン節を習っているなら、集団演技の中にうまくソーラン節を組み込むようにします。これだけで去年よりも単純に2倍のボリューム感が出ます。またはところどころにソーラン節の動きを組み込むだけでも子どもの負担は軽減されるはずです。2年間・3年間の長いスパンで集団演技を構想することができれば、6年生では短い練習時間でもかなり見ごたえのある演技ができるのではないでしょうか。学校全体で話し合うとさらに効果的だと思います。

3 係活動で一人ひとりが主役になれる運動会にする

運動会の係活動は6年生の重要な仕事です。運動会の係活動がなくなったら運動会の運営は到底できません。コロナ禍でも6年生には係活動をさせた学校が多かったのではないでしょうか。係担当の先生の多くは学年・学級と掛けもちなので、担当場所に常駐することはできません。6年生は4・5年生をまとめながら、自分で判断して行動しなくてはならないわけです。この大きな成長の機会を逃すわけにはいきません。係活動前に事前指導をしたり、仕事をわかりやすくプリントにリストアップさせたりして、必ずどの子も有意義に臨めるように配慮しましょう。

4 受験や卒業に向けて重要書類の再確認をする

受験や卒業に向けて重要な書類を作成する機会が増えます。こうした文書の作成に向けて、指導要録などの重要な書類に氏名・住所が正しく記載されているか早めに確認するようにしましょう。受験関係は氏名の間違いなどがあると取り返しのつかないことになります。特に氏名の「字体」が間違っていることが多く、注意が必要です。稀に保護者も名字の正しい字体を知らない場合があります。その場合は確認に時間がかかるため、早い段階で重要な書類に間違いや食い違いがないか確かめておくとよいでしょう。

（須永　吉信）

10月

音楽祭 指導ポイント＆ 活動アイデア

1　指導ポイント

☑ 自覚と責任をもって活動できるようにする

立候補やオーディションで選ばれた役割，委員会の役割などそれぞれの役割で６年生としてのふるまいができるようにする。

☑ 子どもたちに委ねる

構成や練習，振り返りなど，できるところは子どもたちに委ね，自分たちでつくった音楽会と感じられるようにする。

☑ 他学年から憧れられるようにする

最高学年として，演奏はもちろん，行動面においても他学年から憧れられる存在となるようにする。

☑ 仲間とのつながりを感じさせる

小学校生活最後の音楽祭。仲間のことを考えながら，支え合い，助け合いながら，思い出に残る行事にする。

☑ 感謝の心をもてる機会とする

だれかへの感謝を伝える場と位置づけ，日頃から支えてもらっている人たちのことを考えられる機会にする。

2 活動アイデア

①公正かつ意欲につながるオーディションを行う

　合奏の楽器を決めるためにオーディションを行うこともあるでしょう。みんながこれから気持ちよく練習に取り組めるように次の４点に気をつけましょう。

　１つ目は，すべての楽器の希望調査を取ることです。どの楽器も合奏するのに大切なパートの１つです。オーディションがある楽器と大勢でする楽器に優劣があるわけではありません。どの楽器も同じように扱いましょう。

　２つ目はオーディションの審査員は担任の教師全員と音楽専科が行うことです。結果は同じであっても，どこかのクラスの教師がいなければ子どもたちは不公平だと感じてしまいます。

　３つ目は，その日の演奏のみで審査していることをしっかり伝えることです。子どもたちの中では，あの子はピアノが上手，あの子はドラムがすごいなどある程度わかっています。もし，その子が選ばれなかったとき，揉める原因にもなりかねません。

　４つ目はオーディションで選ばれた子には，選ばれなかった仲間の気持ちも考えて練習に励むように伝えることです。がんばっている姿を見せることでオーディションで選ばれなかった子も他の楽器でがんばることができます。

希望楽器
（　　年　　　組）　　　合奏でどの楽器がしたいか、書きましょう。

しめ切り９月２０日

オーディションあり		オーディションなし	
楽器（人数）	名前	楽器	名前
大太鼓（1）		リコーダー	
小太鼓（1）			
シンバル（1）			
キーボード（3）			
鉄琴（3）			
木琴（5）			

②合唱の練習内容を子どもたちに委ねる

　今までの経験を生かして合唱の練習内容を子どもたちに委ねてみましょう。次のような方法はどうでしょう。

　体育館での練習１日目，はじめて全クラスで合唱をする日です。その様子をタブレットで撮ります。練習後，実行委員や担当クラスなどが，撮った動画を見て，もう少し練習した方がよいと思うところを話し合います。そして，次の日にがんばることを３つ決めます。「歌い出しをそろえる」「２部に分かれるところの音程を正確に」という技能面，「〜な気持ちで歌う」という情緒面，「指揮者の方を見る」という態度面でもよいでしょう。決まったら画用紙に大きく書いておきます。次の日，その内容を全員に伝えます。あわせて，「なぜそのように考えたのか」「このようにしたらできると思う」等も伝えられるとよいでしょう。それから練習を開始します。

　担当クラス制を採り入れると，毎日担当が変わるので，いろいろな視点も出てきます。自分たちで考えるからこそ，集中し，前向きに取り組むことができます。自分たちで音楽会をつくっているという意識をもたせましょう。

①歌いはじめをそろえる。

②口をしっかりとあける。

③楽しい歌なので笑顔をわすれない。

③学年の仲間へメッセージをまとめる

　小学校生活最後の音楽祭。卒業式までに，こうしてみんなで取り組む行事は最後かもしれません。今まで一緒にがんばってきた仲間にメッセージを送りましょう。

　学年のみんなが見えるところに模造紙を貼ります。各教室に付箋を用意しておき，音楽祭当日の朝，登校してきた子どもから，付箋に学年の仲間にメッセージを書くようにします。黒板に説明を書いておけば，わかりやすいでしょう。書けたら模造紙にメッセージを貼りにいきます。緊張している気持ちや今までの感謝の気持ち，決意表明等，それぞれの思いを見ることができます。

　音楽祭の日は，委員会で役割があったり，教師も担当の仕事があったりとクラス全員がそろって話す時間はないかもしれません。メッセージを書くことで，本番への気持ちを高めていきましょう。教師も同じように子どもたちへのメッセージを付箋に書いて貼るのもいいですね。

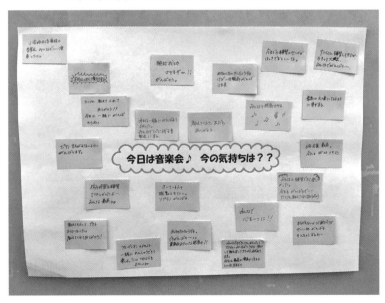

（土師　尚美）

学芸会
指導ポイント＆
活動アイデア

1 指導ポイント

☑ 脚本を作成する

絵本・教科書教材のみならず流行のドラマや映画，舞台等，長編・短編問わず児童が興味あるものを基に作成する。

☑ 目標を設定・共有する

「何事も自分たちで！」がテーマ。脚本・演者・照明・音響等，チームごとで子どもが主体となって進めていけるようにする。

☑ 配役を決める

子どもが舞台（劇）に必要な配役・仕事を決める。教師からの指導は助言程度にとどめ，子どもの自主性・主体性を高める。

☑ 子どもに委ねる練習

5年間の経験から進行等はイメージできている子どもたち。教師の役割は各係が同時に活動できる環境づくりに努める程度で。

☑ 思い出として形あるものに残す

自分たちが演じた舞台映像を自分たちで編集し，記念（DVD）として残す。小学校生活最後にふさわしい取組で締め括る。

2 活動アイデア

①表現指導は楽しいゲームを活用して行う

　相手に身体や顔を横に向けたまま話をする人はいないでしょう。ところが，舞台となるとどうでしょう。子どもたちはどちら側を向いていることが多いでしょうか。そう，演者側です。つまりは相手（観客）に対し，身体や顔を横に向けたまま演じているわけです。対象者がいない方を向いて表現することは独り言をつぶやいているようで孤独感を感じ，不安に思うものです。この不安感をとっぱらうために，「対象者を見ちゃだめよ」ゲームに取り組んでみましょう！

> ①何か決まった会話の定型文を暗記させ，対面で話させる。
> ②教師が移動し手をたたく。子どもたちは音がした方向を向き，相手に話し続けることができれば合格！

　はじめは，向きが変わった途端に，照れてしまい，全く話すことができない子どもたち。本番前までに演者全員の合格を目指し，定期的に取り組みましょう。本番。観客に向かって堂々と表現する子どもたちの演技は最高学年にふさわしい最高の舞台（劇）となります！

②校外学習で「観劇」を行う

　6年生。キャリア教育も進学や職業等，内容がより具体的なものとなってきます。キャリア教育と学芸会を兼ねた取組として校外学習に観劇を取り入れてみるのはいかがでしょうか。

　6年生といえども観劇をしたことがある児童は意外と少ないものです。本物の「演技」「音響」「照明」を肌で感じることは，本番を控えた子どもたちの大きな刺激となります。プロの「演技」「音響」「照明」の中から自分たちの舞台（劇）に取り入れられるものは何かないかと考えたり，話し合ったりする姿が見られます。

　また，舞台を職業としている演者や演出家と子どもたちが話をする機会をもたれるとよいでしょう。演者ならば「セリフを言う際に心がけていること」や「緊張をしないための方法」等について。演出側ならば，「選曲で気をつけていること」や「照明の当て方の工夫点」等について，観劇では見えてこなかった点を伺うことで舞台に対する理解が一層深まります。より質の高い舞台（劇）にするため，キャリア教育にするため…観劇体験をご検討ください。

③チームグッズを作成する

　教師主導で練習を進めてきた低中学年期。6年にもなると，子どもが主体となってそれぞれの役割ごとで動く機会がどっと増えます。低中学年期に比べると一堂に会して集まる機会はぐっと減ります。「どこにいてもチームは1つ！」感を高めるため，チームグッズを作成してみるのはいかがでしょうか。

　6年生での作成おすすめグッズは「Tシャツ」です。Tシャツをそろえるというだけでもテンションが高まる6年生期の子どもたち。ましてやデザインも子どもたちが考えた"世界で1枚"のTシャツとなると…封を開けたときの，はじめて着たときの子どもたちの喜びようは半端なものではありません。ただでさえ気合が入っていた舞台（劇）練習にさらに気合がのること間違いなしです！

　終わった後は，互いの健闘をたたえ合い，Tシャツに寄せ書きなんかしてしまえば…一生の宝物に。Tシャツを見れば6年生の学芸会が思い出される。小学校生活最後の学芸会を締め括るにふさわしいグッズと言えるでしょう。

10月

（日野　英之）

137

秋の運動会
指導のポイント

1 成長と感謝を伝える

　小学校生活最後の運動会。6年間の集大成，最高学年として立派な姿で締め括ってほしいものです。おすすめしたいテーマは「これまでお世話になった方々に，成長と感謝を伝えよう！」です。まずは子どもたちと成長と感謝について考えを共有し，自分たちの理想の姿を思い描くことが大切です。「全員が一生懸命」「動きがそろって美しい」など，子どもたちの中から出た姿を基に，目指すべき姿を共有することで，指導と学習の基準が明確になり，自分たちが掲げた目標の姿に近づくことができるでしょう。

2 なりたい自分シートを活用する

　目標をもたずにただ練習をこなし，本番を迎える…，そんな時間では子どもたちの成長は見込めないでしょう。そこでおすすめしたいアイテムが「なりたい自分シート」（PDCAサイクルを援用したもの）。目標を達成するための過程を通して子どもたちの成長を促しましょう！　項目は以下の通りです。
　①こんな自分になりたいな（計画）
　②そのためにはどうする（実行）
　③今日の自分はどうだったか（評価）
　④明日はこうしよう（改善）
　このように，目標を達成するための行動計画を考えることで，自分自身を見つめ直すことができます。これに加え，教師や保護者のコメントやフィードバックを加えることで，より成長を促すことができるでしょう。

3 オリジナル口伴奏をつくる

　最高学年の団体演技。6年間の集大成として，子どもたちが「自分たちで
つくり上げた！」と達成感を味わうために，「口伴奏」を子どもたちに考え
させてみてはいかがでしょうか。「演技をよくするためにどんな口伴奏がい
いかな？」と問いかけてみましょう。次に示すような口伴奏が子どもたちか
ら出てきたならば積極的に広めていくとよいでしょう。

①予告型口伴奏

　8拍後に『構え』という技を決めたいときに，「…5，6，かま，え！
パッ！」といったように事前に技を予告する口伴奏です。

②呪文型口伴奏

　「切って，切って，くーるーりーん，パッ！」といったような，動きを言
語化した口伴奏です。

　口伴奏があるとタイミングを取ることができ，全体の動きがそろいます。
また演技のイメージが一気に膨らみ，習得するためにかかる時間がグッと縮
まります。先生から押しつけられた口伴奏でなく，自分たちで考えた口伴奏
だからこそ多くの子どもが積極的に活用します。時には子どもたちの口伴奏
の声の大きさが，流れている曲の音の大きさを凌駕することも。たかが口伴
奏1つですが，「演目づくりに自分たちが関わった！」という気持ちが演技
後の達成感をより一層強いものにしてくれることでしょう。

（工藤　智）

11月の学級経営のポイント

1 オープンな雰囲気づくりを心がける

　学級の荒れやいじめは「閉鎖環境」が原因の1つです。環境をもっとフレキシブルにしていかなくてはいけません。6年生は中学校に向けて様々な取組が可能です。例えば教科担任制を導入してみる（一部導入している場合は拡張してみる），算数などで習熟度別（あくまで希望制）のクラスにしてみるなど，クラス交流を活発にすることができます。中学校ではクラス替えがあるので，それを理由に給食でクラス交流をするのもよいと思います。はじめの1週間は1年生のときのクラス，2週目は2年生のときのクラス…などとしてもおもしろいですね。「中1ギャップ」を見据えての活動だと説明すれば，まわりの学年の先生も納得するのではないでしょうか。

　また，異学年交流を活発にするのもよいでしょう。学級会などで遊びたい学年，遊びたい内容を話し合い，係を創設して該当学年の先生に企画内容を説明・相談に行かせます。子どもたちの自主性も養えてまさに一石二鳥です。全員での参加が難しい場合は，希望制でもよいと思います。

2 「スマホの使い方講座」などを実施して情報リテラシーを高める

　あなたのクラスの子どもたちのスマホ・タブレットの所持率はどのぐらいでしょうか。回線契約しなくてもスマホはWi-Fi環境下で使えるため，親のおさがりを使っている子も多いですよね。そうなると50％は優に超えていそうです。また，今の子どもたちは何に夢中なのでしょうか。FacebookやInstagramはもはやX・Y世代のツールです。YouTubeも少し下火。Z世代の中心はもっぱらTikTokです。気軽に投稿できるため，クラスで投稿している子もそれなりにいるはずです。私は30代後半ですが，こうした問題に対して的確に指導する自信がすでにありません。そこで，今まで勤務した学校では外部講師を招き，親子学習として「スマホの使い方講座」を開催していました。コロナ禍で開催できない時期は，情報リテラシーに関するサイトを紹介したり，調べ学習を行ったりしていました。夏休みにスマホを買ってもらう子も多いため，中学校に向けて，運動会や修学旅行が一段落した11月のどこかで情報リテラシーを高める授業を行うとよいと思います。

3 アルバムはICTや画材を使って 「見栄え」と「時短」の両立を図る

　この時期の一番大変な作業は「卒業アルバム制作」です。時間節約のために，ICTをなるべく駆使しましょう。0から書かせるのではなく，個人・学級のページは子どもたちにも意見を聞き，何種類かフレームをつくっておくと便利です（例えば「みんなの好きな○○紹介」なら花びらのフレームをたくさん用意する，など）。イラストにはマンガ用のトーンを使うと見栄え向上とともにかなりの時短になります。トーンは今ではネットで気軽に購入できます。なお，使用する際は学級間で不公平が起きないように，必ず事前に相談しておきましょう。

4 さらなる時短のために， アルバム内容を精選する

　卒業アルバム制作は大変重い仕事で，場合によっては連日深夜にまで及ぶこともあります。内容の大幅な見直しが必須です。外部業者に委託する，写真の選定をPTA役員にお願いする，職員の個人写真をカットする，先生からのメッセージを厳選する（過去の担任すべてからメッセージを集めたりするため）など，管理職とも相談して決めるとよいと思います。また，非常に高価である場合が多く，そういった面でも見通しが必要です。一度に変えられない場合は，計画的に毎年内容を見直していくのも1つの方法です。

（須永　吉信）

11月

「11月の荒れ」の
チェックポイント

生活面	□きまりやルールが共通理解されていない □ちょっとした投げかけに対する反応が鈍い □日直や係活動が機能していない □言葉づかいに丁寧さがない □友だち同士で嘲笑したり，煽ったりしている □頻繁に頭痛や腹痛を訴える子がいる
学習面	□すわっているとき，足元がフラフラしたり，いすをガタガタさせたりしている □号令に一体感がなく，声にやる気が感じられない □授業中の発言量が全体的に少ない反面，スピードが上がらない □指示や説明の意図を汲み取りながら話を聞くことができていない（教師の指示や説明が端的でなく，その回数も多い） □没頭して書き続けることができない □専科など，担任以外の先生の授業で気の緩みが見られる
対人面	□休み時間にいつも1人になっている子がいる □本人が嫌がるようなあだ名で呼ばれている子がいる □過度な「いじり」が見られる □仕事や当番が全員で平等に行われていない □「目くばせ」などでやりとりしている

1　生活面

　11月を迎えるころ，前頁のようなチェックが必要である学級とそうでない学級は明確に分かれていると思います。

　もしたくさんチェックがついてしまう場合，まずは学年主任，管理職の先生に相談することをおすすめします。すでに相談されている場合は，ぜひ継続的に教室を見ていただいてください。

　そのうえでまず着手すべきは，きまりやルールの確認です。小さなことを，丁寧に時間をかけて確認してください。

　例えば，時間と時刻を守ること。5分後に授業が始まるとすれば，開始時刻は「何時何分」か。ということは，休けい・準備時間は「何分間」あるのか。何を優先して実行し，どう過ごすべきか。

　6年生の子どもたちは，これまで過去5年間に同じようなことは散々言われ続けているはずです。すでにわかっていることを言われているはずです。

　しかし，それを実行することができない。流されてしまう。そんな状況にあるのです。

　本当にすべきことは，表面上の「できた・できなかった」を指導することではなく，なぜできて，なぜできないのかの理由を探ることです。自分たちと向き合うと言ってもよいでしょう。

　そうした自らと向き合う時間が6年生にとっては尊く，かけがえのない成長のチャンスです。

　このとき，「うちの学級は…」と変に悲観したり，まわりと比べたりしないことです。考えるべきは，残された時間でこの学級を育てるにはどうしたらよいかの一点のみです。

　そして，担任も同じチームの一員として走り続けることが大切です。

2 学習面

　11月は，すでに2学期の評価が視野に入っている時期だと思います。

　10月に学習発表会のような大きな行事があった場合，なおさら急ピッチで授業を進めなければならないと焦ってしまうでしょう。

　このとき，ある程度「自走状態」に入っている学級であれば，冒頭の学習面のチェックリストにたくさんのチェックが入ってしまうようなことはないと思います。

　逆に，いわゆる「11月の荒れ」の状態を迎えている学級では，そもそも授業が成立せず，生徒指導面での対応に追われているかもしれません。

　そう考えてみると，やはり生徒指導の機能を無視して授業を進めることはかなり難しいものと思います。同時に，自走していく学級では，生活の質が高く，人間関係も良好であると言えるでしょう。

　ここで焦ってしまっては，3月の卒業式をよりよい形で迎えることが難しくなってしまいます。

　まずは丁寧に45分の授業を進めてみましょう。決して，授業を詰め込むようなことはせず，終わらなければ次の時間，遅れたら来週へもち越すくらいの気持ちで大丈夫です（もちろん，一単位時間を45分間で終えることが望ましいですが）。

　子どもたちの状態が荒れているのに，大人の都合で教科書をグイグイ進めてしまうことは，何より「荒れ」を助長してしまいます。

　しかし，授業が穏やかになり，落ち着いて進められるようになれば，1時間で2時間分の授業を進めることも可能です。そうした6年生の力を信じて授業を進めていく心構えが大切です。

3 対人面

ペア活動や自由対話について話題にすると,「ペアになれない子はどうしますか?」「1人になってしまう子はどうしますか?」といった質問をいただくことがあります。

しかし,子どもたちに悪気があるわけではないことがほとんどです。単純に気づいていないのです。

11月の段階で人間関係が不安定な場合,子どもたちは必死に自分の居場所を探します。「1人になりたくない」の一心で動きますから,「あの子を外そう」などと考える暇もないでしょう。

しかし,「1人の子ができた」という結果だけを切り取って教師が頭ごなしに指導をするから,子どもたちの気持ちと「噛み合わなさ」が出てしまって教室がギクシャクするのです。

だから,子どもたちには「1人になりたくないよね」という共感を示しながら,でも「どんな学級にしていくべきか」という問いを投げ,人間関係について考えていくとよいでしょう。教師と子どもとで,関係性の築き方を再確認するのです。

そして,「卒業」という言葉を噛みしめ,未来志向で考えていくとよいでしょう。

居心地のよさや温かい教室は,自分たちの手で生み出していくのだという当事者意識を育てていくのです。

アドラー心理学においても,ストレスの9割は人間関係であると言われています。ぜひ,チェック項目の改善を「なんのため」に行うのかを確認してみましょう。

(古舘　良純)

国語

「○○のような暑さ」に ぴったりの言葉は何かな？

1 授業の課題

太ってしまったショックがより伝わるのはどちらの表現ですか？
A　食べすぎて，豚のように太ってしまった！
B　食べすぎて，冷蔵庫のように太ってしまった！

2 授業のねらい

　３つの条件を示し，それぞれの効果を実感することにより，比喩表現を用いて文をつくるおもしろさに気づくことができる。

3 授業展開

①おもしろい比喩の３か条を知る

　黒板に上記のＡとＢの文を書き，たずねます。

T　この文の作者の，太ってしまったというショックがより伝わってくるのは，ＡとＢのどちらですか？
C　私はＢかな。冷蔵庫って聞いたらすぐにドーンっていうでっかい姿が目に浮かんだもの。
C　ぼくは，最初は豚の方が嫌だなあと思ったんだ。冷蔵庫は機械だし。で

も太って豚になるというのは普通すぎるというか。

　子どもたちの意見の中からよいところを見つけ，補足することにより比喩の３か条（下記ア〜ウ）にまとめていきます。

　　ア　みんなが知っているもの・ことにたとえる
　　イ　具体的で目に浮かぶもの・ことにたとえる
　　ウ　遠いけれども共通するもの・ことにたとえる

②お題に従って比喩を用いた文を書く

　「○○のように暑い！」の○○に当てはまる言葉を考えさせます。最初はペアやグループでいくつか案を出させ，比喩表現のもつおもしろさや適度な距離感を捉えさせ，その後に一人ひとり作品をつくらせていきます。

Ｃ　「フライパンの上のように暑い」はどうかな？
Ｃ　確かに暑さは伝わるけれど，ウの条件からするとありきたりかな。
Ｃ　じゃあ「マグマのように暑い！」は？　暑そうじゃない？
Ｃ　具体的だし夏の暑さとは遠いけれど，みんなマグマの熱さがイメージできるかなあ。

③句会方式で投票を行う

　でき上がった作品は同じ形式の紙に書かせ，無記名のまま２つ折りにして提出させます。全員分が提出されたら，教師の独断と偏見で予選を行い，５作品程度に絞ってから，それぞれ番号をつけて読み上げます。

　子どもは自分が一番おもしろいと思った比喩表現の番号に挙手します。他者の影響を受けないように顔を伏せたり，アンケートアプリを用いたりするとよいでしょう。結果が出たところで作者を公開します。意外な子どもがセンスを発揮するときもあり，教室は大盛り上がりです。

（宍戸　寛昌）

算数

何がわかれば
板の枚数がわかるかな？

1 授業の課題

ベニヤ板を積み重ねて厚さをはかると約60cm ありました。ベニヤ板を積み重ねて重さをはかると約6kg ありました。
あと何がわかれば板の枚数がわかりますか？

2 授業のねらい

何がわかれば板の枚数がわかるかという条件について全体での話し合いを通して楽しく取り組みながら，比例の関係を使って考えることができるようになる。

3 授業展開

①2枚のカードのうち1枚をめくる

全体の厚さ約60cm と書いてあるカードと，全体の重さ6kg と書いてあるカードのうち1枚をめくり，それを1問目にします。そして，「あと何がわかれば板の枚数がわかるかな？」と問います。まずは自分で考えさせて，その後，準備しておいたカード（1枚の厚さ，10枚の厚さ，1枚の重さ，10枚の重さなど）をめくってこの条件で板の枚数がわかるかをみんなで判断していきます。

T　まず１枚どちらかめくりましょう。（めくってみて）全体の厚さが約
　　60cmと書いてあります。あと，何がわかれば板の枚数がわかるかな？
　　ノートに書いてみてね。

②選択肢をヒントに全員で考える

　　自力解決後，黒板にカードを貼ります。それを１枚ずつめくっていき，そ
の条件がわかれば板の枚数がわかるのかを考えていきます。自分で思い浮か
ばなかった子も，選択肢があれば考えやすいです。

T　難しいと思っている人も結構いるので，ヒントになるかわからないけど，
　　このカードをめくってみて考えましょう。ではまずこのカードから…
C　１枚の板の面積？　それがわかっても板の枚数はわからないよ！
C　１枚の板の重さ？　それがわかっても板の枚数はわからない!!
C　１枚の板の厚さ！　それがわかれば板の枚数がわかるよ。全体の厚さ÷
　　１枚の厚さをすれば，枚数が出るよ。板の厚さは枚数に比例するから。
C　10枚の板の厚さ？　それがわかっても板の枚数はわからないよ。
C　えっ，わかるんじゃない？

③10枚の厚さがわかっているとき，枚数がわかるのかを考える

　　子どもたちは10枚の厚さがわかれば１枚の厚さがわかることに気づきます。
それを基に板の枚数を求めることができます。それが解決できたら，もう１
枚のカード（全体の重さが約６kg）で考えていきます。

C　10枚の厚さがわかれば，１枚の厚さがわかるね。
T　もう１枚カードがあるので，次はこれを考えよう。
C　これは簡単！　もうわかった！　１枚の重さがわかればいいよ！

　　　　　　　　　　　　　　　　　　　　　　　　　　　　　（桑原　麻里）

社会 不平等条約はどのように改正されたのかな？

1 授業の課題

> ノルマントン号事件やその後の出来事を調べ，感じたことや疑問を出し合い，学習問題をつくりましょう。

2 授業のねらい

日本が幕末に結んだ不平等条約の影響や日本が条約改正できたことについて感じたことや疑問を出し合い，学習問題をつくる。

3 授業展開

①ノルマントン号事件のイラストから不平等条約の影響を調べる

ノルマントン号事件の概要を調べ，それが幕末に結んだ不平等条約の影響であることを基に，日本人と外国人の思いを考えます。

T　不平等条約の影響で，日本人と外国人の間で救助の差が生まれ，その後の裁判にも影響が出ていますね。それぞれの思いを書きましょう。

C　外国人ばかり優先されている。日本人だから差別されているのか。

C　私たち外国人は，この条約のおかげで有利な立場に立てている。

②条約改正の年表を基に，感じたことや疑問をタブレット端末上に書き出す

　不平等条約であることが外国にとってメリットであることを踏まえて年表を読み取ります。ここでは1894年あたりから急激に改正が進んでいることに気づかせ，感じたことや疑問を書かせていきます（右年表：筆者作成）。

資料1：条約改正までの道のり　名前（　　　　　）		
年号	条約改正に関する取組	結果
1858	日米修好通商条約を結ぶ。 他国（イギリス・ロシア・フランスなど）とも同じ条約を結ぶ。	
1871 ～73	明治政府が欧米に派遣した役人が，外国と条約改正の話し合いをする。	失敗
1876 ～78	外務大臣の寺島宗則が，外国と条約改正の話し合いをする。 ＊ハートレー事件（1877） ＊ヘスペリア号事件（1877）	失敗
1882 ～87	外務大臣の井上馨が，外国との条約改正の話し合いをする。 明治政府は鹿鳴館を建て，西洋化をアピール（1883） ＊ノルマントン号事件（1886）	失敗 失敗
1888 ～89	外務大臣の大隈重信が，外国との条約改正の話し合いをする。	失敗
1894	外務大臣の陸奥宗光が，外国との条約改正の話し合いをする。	成功
1911	外務大臣の小村寿太郎が，外国との条約改正の話し合いをする。 ＊不平等条約が完全になくなる。	成功

〈参考資料：『図解　日本史』（成美堂出版），『時代別新日本の歴史　明治時代（後期）』（学研）〉

T　年表を見て感じたことや疑問をタブレット端末に書き出しましょう。
C　日本は欧州と対等になったのかな。
C　なぜ外国は条約改正に応じるようになったんだろう。
C　日本はこのころ，どんな国になったんだろう。

③感じたことや疑問を分類し，学習問題にまとめる

　ここでは，「外国との位置づけの変化」「日本の発展」などの視点で発言を分類していきます。疑問等の傾向を学級全体で把握して，学習問題にします。

T　みんなの発言はどのように分類できますか。
C　「外国との関係が変わったのではないか」ということや「日本が発展したのではないか」ということに分類できそうです。
C　「条約改正のころ，日本はどのような国になったのだろうか」と学習問題の言葉がまとめられそうです。

（横田　富信）

12月の学級経営のポイント

1　12月をリーダーとしての集大成と捉える

　6年生の担任経験がある先生ならわかると思いますが，12月はリーダーとしての6年生の締め括りです。3学期になると，学校の仕事の大半は5年生に引き継がれ，学校は「卒業式ムード」一色になります。6年生は学校の裏方になり，いろいろなところで「ご苦労様」と感謝されるようになります。私自身「2学期の反省を生かして3学期は…」と意気込んで，肩透かしにあった経験が何度もあります。長い2学期だからといってのんびり構えるのではなく，11月くらいから有終の美を飾れるように心構えをしておくと悔いが残りません。1学期末の指導に「評価カード」について書きましたが，あらためて1学期のものを紹介し，さらによい評価がもらえるよう鼓舞したり，6年生としてマンネリ化している部分，もっと行動できる部分などを学級会で話し合ったりすると，よりよい形で2学期を終えることができるでしょう。声かけだけではなく具体的な個人目標の設定などができるとなおよいと思います。子どもたちを励ましながら，一緒に進んでいきましょう。

2　1年の思い出を楽しく振り返るイベントを実施する

　1学期末もお楽しみ会について書きましたが，2学期末もぜひ6年生らしい楽しいイベントを開いてほしいと思います。なぜなら6年生の3学期は非常に忙しく，3月は思った以上に自由に時間が取れません。私は「出し惜しみするんじゃなかったなあ」と後悔した経験があるので，ぜひここで盛大にイベントを開いてほしいと思います。私はよくクラス会議で「6年間の思い出を振り返る会にしてほしい」とお願いしています。6年生になると高度な内容を話し合えるようになるので企画の段階から楽しめます。私の経験では「思い出パズル」「思い出かるた」「思い出クイズ」「思い出ウォークラリー」などのオーソドックスなものや，おもしろいものでは「感謝のソフトボール投げ（思い出や感謝を叫んでボールを遠投）」などがありました。もちろん，ドッジボールなどのいつものあそびがあってもよいと思います。クラス会議は担任も一参加者に過ぎないのでこれらはあくまで「お願い」です。全員が楽しめるのが大前提。思い出に残るイベントを開いてほしいと思います。

3 1月から5年生に引き継ぐ タイミングを確認する

多くの学校で3学期からの主役は5年生になるでしょう。少なくとも2月にはすべてのリーダーが入れ替わるはずです。登校班，縦割り班，清掃班，委員会，クラブ…とそれぞれどの段階でリーダーがバトンタッチするのか把握しておきましょう。学校運営計画にはない6年生独自の仕事もあります。例えばあいさつ運動，廊下や階段の朝清掃，国旗の掲揚などです。これらは学校の暗黙の仕事になっているケースが多いです。これらは単に引き継ぐだけではなく，5年生の先生によく説明したうえで，来年度も存続するか否かを話し合うといいと思います。

4 冬休み中に卒業までの見通しを立て， TODO リストを作成しておく

6年生の3学期は大変忙しくあっという間です。冬休み中に最低でも TODO リストは作成しておきましょう。できれば前任者にも相談しておくと抜けがありません。6年生の3学期は「6年生を送る会のお礼を渡す」「卒業式当日に保護者に手紙を渡す」「先生方に感謝のプレゼントを渡す」といったように，どの計画にも書かれていない暗黙的な活動が多々あります。こうした活動を記録した学年ノートやスケジュール表がない場合は，ぜひ記録を取って次の担当者に引き継ぐようにしましょう。

（須永　吉信）

12
月

153

2学期の振り返り

1 学級づくり

　1学期は，教師との絆をつくるために多くの時間を割きました。学級づくりはここからが本番であると言っても過言ではありません。そこで，2学期は，教師の指導行動を説得的に教えるインストラクションから，促しや気づきをもたらすファシリテーションやコーディネーションに移行していくことで，子どもたちの自治的・自発的な活動が増えるようにしていきます。

　例えば，6年生の2学期は修学旅行，運動会，学習発表会などの行事を牽引する機会が増えます。そこで，より多くの子がリーダーとフォロワーを経験できるようにします。教師の関わりをできるだけ減らし，自分たちの力で活動をやり抜く力を育て，3学期に発揮できるようにしていくのです。

　以上の点を踏まえて，次のような視点で2学期を振り返ってみましょう。

□集団としてのゴール像やその価値が子どもたちに共有されているか。
□学級内のきまりごとが子どもたちに浸透し，守られているか。
□1学期以上に子どもたちの関係性は良好なものになっているか。
□子どもたち同士の温かな感情の交流があるか。
□困っていたり，何かでつまずいていたりする子がクラスにいたら，互いに助け合える関係性ができているか。
□リーダー，フォロワーとしての経験を多くの子ができているか。
□子ども同士が主体的に行動できるシステムがあり機能しているか。
□教師と子どもの関係が「主従関係」のようになっていないか。

2 授業づくり

　1学期は子ども同士が関わるために必要なことを伝えてきました。2学期は，さらにその頻度を増やし活性化を図れるような授業づくりが必要です。そのためには，ペア学習やグループ学習，学び合いや教え合いの活動は有効です。学力向上と対人技能等の社会的スキルの同時学習を意識していきます。

　一方で，先に述べたように，6年生の2学期は，行事を牽引する機会が増えていきます。忙しくなってくるにつれて，「1学期はよかったのに授業が落ち着かなくなってきた」なんていうこともあります。よって，いつでも「対話型の授業やアクティブ・ラーニングを！」と考えるのではなく，必要に応じて一斉授業に戻し，授業を落ち着かせるという営みも必要になります。

12月

□グループ学習では，進んで関わろうとする姿が見られるか。

□グループで学習を行う際には，輪番で発言を行うなどの話し合いのきまりが定着しているか。

□学習の中で，子どもたちが認め合うことができているか。

□「全員が○○を説明できるようになる」など，友だちと交流を促すような課題設定の工夫をしているか。

□他者と協力して学習を行うことのよさが学級内に共有されているか。

□子どもたちの活動に教師が適切にフィードバックを行っているか。

□グループ学習など，関わる際には授業と関係のない私語はないか。

（水流　卓哉）

学級イベント
指導ポイント＆
活動アイデア

1　指導ポイント

☑ 「イベントは自分たちでつくるもの」ということを強く意識させる

> イベントはあくまで自分たちでつくるもの。最初にこのことをはっきりと伝え，強く意識させることが大切。

☑ どのようなイベントにするのか子ども自身に考えさせる

> ゲーム，グループごとの出し物など，どのような内容のイベントにするのか，子ども自身にアイデアを練らせる。

☑ 実行チームを組織する

> 司会進行部，ゲーム部，音楽部，飾り部など，実行チームを組織して，全員で必要な準備を行わせる。

☑ 保護者や地域の方を招待する

> 卒業まで数か月というこの時期に，保護者や地域の方を招待して行うイベントも1つの方法。感謝の気持ちを伝えるよい機会となる。

☑ 会の最後は教師からのご褒美で締め括る

> がんばった子どもたちをしっかりとほめて会を締め括り，達成感や満足感を味わわせる。内緒のご褒美も効果的。

2 活動アイデア

①学級会を仕組み，イベントを計画させる

　6年生の子どもたちにとっては，学校生活も残り数か月。3学期は卒業式などもあり，なかなかじっくりと学級イベントを行う時間が確保できないことも考えられます。そこで，12月という比較的余裕がある時期を使って，楽しい学級のイベントを仕組みましょう。

　この段階で，すでに子どもたちは数多くのイベントを経験していると思われます。学級のイベントももちろんですが，5年生のときには，6年生を送る会を盛大に計画・実行しているはずです。その経験を生かしながら，今度は自分たちが楽しむための会を，自分たちの力で計画・実行させます。

　まずはイベント名の決定。「6年1組忘年会」「ウィンターフェスティバル」「クリスマス集会」等，何でもよいと思います。内容も，ゲームや出し物を中心としたお楽しみ会，百人一首大会など，子どもたちがやりたいことを中心に会を企画します。続いて，会を成功させるために，実行チームを組織します（詳細は次頁参照）。以下は，イベントを計画する際の板書例です。

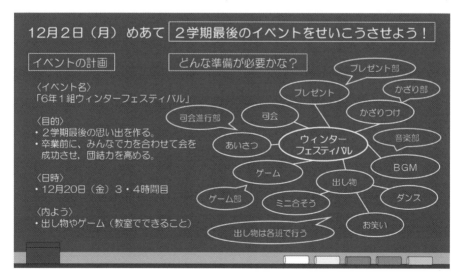

②実行チームを中心に準備を行わせる

　イベントが成功するかどうかは，実行チームをいかに組織するかで決まります。実行チーム（部）は，子どもたちとの話し合いを踏まえ，例えば以下のようなチームを組織してみましょう。

【実行チーム（部）の例】

・司会進行部（当日の司会。はじめの言葉やおわりの言葉も担当する）

・ゲーム部（みんなで行うゲームの企画・進行）

・飾り部（教室の黒板や飾りつけ。人数が多い方がよい）

・音楽部（BGM やみんなで歌う歌の準備を行う）

・プレゼント部（みんなにプレゼントをつくって配る）　　　　　　　など

　また，ゲーム部が企画したゲームのみでも十分イベントは盛り上がりますが，可能であれば，グループごとに出し物を披露する時間を設けましょう。子どもたちだけで出し物の内容がなかなか決められないようであれば，教師からいくつかアイデアを示すことも考えられます。高学年では，クイズ王や大喜利のように，その場で出場者がリアルに競い合うような出し物もおすすめです。以下，出し物のアイデアを示しますので，参考にしてください。

【出し物の例】

○合奏（ミニアンサンブル。選曲も子どもたちにお任せ）

○ダンス（体育で取り組んだダンスなどでも OK）

○お笑い（漫才やコント，一発ギャグなど。みんなで大笑い）

○クイズ王（出題者・解答者を決めて，優勝を競い合う）

○大喜利（出されたお題に対して，解答者がおもしろおかしく答える）

○寸劇（実際にクラスであった出来事を再現する劇が盛り上がる）

○手品（6 年生になるとかなり凝った手品が見られる）　　　　　　　など

---

③保護者や地域の方を招待し，感謝の気持ちを伝える

　卒業まで残り数か月。この時期に，保護者や地域の方を招待して感謝の気持ちを伝えるイベントを仕組むのもおすすめです。

　自分たちの6年間の成長をスライドにして発表させるもよし，保護者や地域の方と楽しくゲームをして触れ合うのもよいと思います。家庭科の学習を生かして，手づくりの料理やお菓子でおもてなしするという方法もあるでしょう。そのような場合でも，必ず子ども主体で計画を立てさせ，実行チームを組織して取り組ませるようにしましょう。②で示した実行チームの中に，「プレゼンテーション部」「招待状作成部」「おもてなし部」などを新たに設けてもよいと思います。

　また，すべての準備を学級活動の時間で行うのは時間的に難しいので，スライドの発表は国語科の学習，調理は家庭科の学習というように，様々な教科や領域と関連させながら，無理なく実施できるように計画します。

　6年生になると，子どもたちの企画力・実行力もかなり高まっているので，こうしたダイナミックなイベントも仕組むことも十分可能です。卒業を数か月後に控えたこの時期におすすめのイベントです。

保護者に6年間の感謝を伝える様子

家庭科の学習を生かして手づくりしたお弁当

（有松　浩司）

2学期の通知表文例

●1人1台端末を活用して運動に取り組んだ子ども

> 　体育では，パソコンを使って，ロンダートの動きのポイントと自分の動きを比べて技の出来栄えを確認し，勢いのある美しい技になるように何度も練習を重ねていました。

　目標に向かってこつこつと取り組んだことを評価し，今後も努力を重ねることの意欲につなげます。

●グループ学習に真剣に取り組んだ子ども

> 　授業中，真剣に教師や友だちの話を聞こうとしています。集中力があり，ノートも集中して取っていました。グループ学習では，班の友だちと協力しながら課題に対して真剣に取り組む姿が見られました。

　授業を真剣に受けている誠実な態度を評価します。

●学習中に私語が多い子ども

> 　個性的な発見や発言が多くあります。社会の学習では，みんなが気づかない視点で資料から気づいたことを発表することができました。

　学習と結びついた場面を見逃さず，前向きに評価します。

●クラスのために動ける子ども

　給食の配膳をする際には，係や当番ではなくても配膳台を速やかに出したり，片づけるために食器かごを用意したりと，みんなが気持ちよく生活できるように臨機応変に行動することができました。

思いやりをもって臨機応変に動いたその子の気持ちを大切にします。

●クラス全体をまとめた子ども

　給食の配膳を早める方法を考え，クラス全体に説明し短縮に向けて取り組みました。この活動を通して，集団をまとめる力が高まりました。

クラスがまとまるきっかけを提案してくれたことを評価します。

●友だちが困ったらすぐに手助けした子ども

　給食をこぼしてしまった友だちにすぐ駆け寄り，手が汚れることも気にせず，床や机をきれいに拭いていました。

友だちのために自分ができることをすぐ実行に移す行動力を評価します。

●自己表現が難しい子ども

　テストを返却する際，きちんとお辞儀をして両手でテストを受け取っていました。当たり前のことを当たり前にできることがとても素敵です。

自己表現が見られた瞬間を見逃さずに，評価します。

12月

●運動会の練習に熱心に取り組んだ子ども

> 　運動会のダンスでは，休み時間も友だちと声をかけ合いながら練習に取り組んでいました。運動会当日は，みんなで動きをぴったりと合わせ，見ている人たちを盛り上げることができました。

日々の努力の積み重ねによって，大きな成功を得られたことを伝えます。

●みんなの意見をまとめられる子ども

> 　修学旅行では活動班の班長になり，友だちの意見を聞きながら，みんなが納得のいく見学コースを決めていました。

友だちの意見を取り入れて，班長としての役割を果たしたことを伝えます。

●係の仕事を一生懸命に行った子ども

> 　運動会では，審判係として低学年の子が迷わないよう，自分の担当する着順の子の手を取り，記録係のところまで移動することができました。

保護者からは見えにくい活躍を伝えるようにします。

●活動的ではなく，なかなかよさを見つけにくい子ども

> 　校外学習では，お世話になったバスの運転手に，「ありがとうございました」と丁寧にあいさつをしてからバスを降りていました。

どんなに小さな出来事でも，その子のよさを見つけるように気をつけます。

●学年問わずによい意見を取り入れようとする子ども

　集会委員会では，５年生の提案したあそびの企画に賛成し，自分の考えも付け加えて楽しい活動になるように意見を出していました。

　学年にとらわれることなく，委員会の仲間の意見を尊重する姿勢を評価します。

●得意なことでクラブを楽しんだ子ども

　パソコンクラブでは，○○さんが得意なパソコンスキルを生かして，デジタルツールを使って自己紹介カードやオリジナルロゴを作成していました。

　その子自身が得意なことや興味のあることを，自ら進んでクラブに生かせたエピソードを具体的に伝えます。

●教室で自己表現が少ない子ども

　屋外スポーツクラブでは，活動だけではなく，みんなでゲームがスムーズにできるように進んで準備や片づけを行いました。

　別の場面で活躍している場面を丁寧に見取り，クラスの中では見られないよさを伝えます。

（五十嵐太一）

1月の
学級経営の
ポイント

1 「裏方」として
5年生にバトンを渡すことを説明する

3学期になると，6年生は様々な場所でリーダーではなくなります。6年生の0学期として，5年生が仕事を引き継ぐからです。委員会や登校班など，それぞれタイミングは違いますが，2月にはほとんどが5年生に引き継がれると思います。そのためか，すっかり気が抜けてしまう場合が多いです。例えば登校班では班長が交代し，6年生は後ろをついて歩くようになります。すると6年生だけ離れて喋って歩いたり，トラブルが起きても見て見ぬふりをしたりするようになります。このように「5年生に任せっきりで何もしない」ことが，実は様々な場所で問題になっていたりします。これらは担任に知らせるレベルではないため，自分の耳には入ってこないので注意が必要です。6年生は5年生に教えてあげる存在であって，「裏方」としてむしろ今までより高度な立場にあることをよく説明しないといけません。同時に，はじめのうちは登校の様子や委員会の様子をよく観察する必要があります。もしよい行いを見つけたら，全体にフィードバックするとよいでしょう。

2 思い出づくりのアイデアは
1月の早い段階で決定する

卒業に向けて様々な学級アイデアがあります。「カウントダウンカレンダー」をつくったり「メッセージカード」を1日1人ずつ渡したりなど，何か1つ実践できたらすてきですよね。そのために気をつけなくてはいけないのが「残りの日数」です。3学期の授業日数は思った以上に少ないからです。例えば「1人1枚カウントダウンカレンダーをかく」場合，少なくとも30人学級なら30日前（休日を除く）から始めなくては間に合いません。制作時間を考えると40日前には始めたいところです。もし学級会などで企画を出し合うところから始める場合，1月のはじめに決めておかないととても間に合いません。また「1日1人ずつ感謝の言葉を（直に）プレゼントする」などといった企画の場合，インフルエンザ等で学級閉鎖になると実施できなくなります。期間に余裕がないと，帳尻合わせで1日3人無理やりこなす…などという状況になってしまいます。学校によっては卒業式の予行日は授業がない場合もあるので，残り日数を正確にカウントするようにしましょう。

3 中学校を見据えて予習を奨励し，余裕があれば中学校の内容を紹介する

　6年生の3学期の学習は復習が基本です。新しく学習する内容は多くなく，2学期まで計画通り進めていれば，学習は滞りなく終わると思います。そこで，中学校を見据えて，余裕のある場合は自主学習などで中学校の学習内容の予習を奨励するとよいと思います。中学校の内容を授業で扱う必要は全くありません。ただ，私はきょうだいのいる子に使わなくなった中学校の教科書を貸してもらい，子どもたちに休み時間に読ませたりしていました。今はネットに学習サイトが充実しているので，少し調べておくだけでも進学に対する不安が軽減されると思います。

4 受験・中学校進学で不安定になる子のケアをする

　受験やスポーツ進学に関わる大会を間近に控え，精神的に不安定になる子が多い時期です。寝不足で体調を崩す子も出てきます。一人ひとりの表情や行動に気を配るようにしましょう。受験の合否や進学先は個人情報です。相談する際には他の子に知られてしまうことのないように細心の配慮が必要です。また，中学校進学に対して漠然とした不安を抱いている子もいます。教育相談などを適宜実施して，子どもたちがどのようなことに不安を感じているかしっかりと把握するようにしましょう。

（須永　吉信）

1月

3学期はじめの
チェックポイント

生活面	□きまりやルールを積極的に守ろうとしていない □自分たちの教室を居心地のよいものにしようという意識が低い □明るい声が教室であまり聞かれず，自然に笑いが起きたりすることもない □言葉づかいに優しさがない □時には厳しく注意し合えるような雰囲気がない □整列や移動，活動のメリハリがない
学習面	□立腰し，背筋からやる気が感じられるような姿が見られない □号令の際の礼に気持ちがこもっていない □発言が噛み合わず，個々の違いが生きていない □友だちの話を聞きつつ，自分の考えを確かにもつことができない □教師の指示待ちが多い
対人面	□全体を見てパッと少人数のグループをつくることができない □一人ひとりのよさから学び合おうとしていない □だれとでもうまくつき合い，前向きに関わることができない □笑顔やユーモアがあまり見られない □みんなのために自分の力を使おうとする意識が低い

1 　生活面

　3月のお別れを意識する時期です。残り日数のカウントダウンを始める学級も多いのではないでしょうか。

　生活面では，いかに自治的な風土があるかに焦点を当ててチェックしていくとよいでしょう。

　特に，いい意味で厳しさのある教室かどうかを見極めるようにしていきます。教師がいなくても互いに牽制し合える教室かどうかです。優しいけれど甘くない関わりを重視していきます。

2 　学習面

　教師の指示待ちから脱却を図っていくべき時期です。なぜなら，子どもたちに「学びの主体は自分たちである」という意識をもたせたいからです。

　最終的には，自分の課題を自分で把握し，そのうえで学習内容を自己選択し，見えた課題を再設定していくような学びのサイクルを自分でまわせるようにしていきましょう。

　1年間の授業の成果が実る時期とも言えます。

3 　対人面

　進級に向けて頭を悩ませるのが学級編制です。もちろん様々な要素を踏まえながら編制するものの，一番大きな課題が人間関係でしょう。

　しかし，3月の段階でだれとでもうまく付き合い，前向きに関わる子が増えれば，進学しても困ることはありません。将来の子どもたちの姿を想像し，生活や学習を大切にしながら，見通しをもった指導を行っていくとよいでしょう。中学校への引き継ぎも見据えて記録しておくこともおすすめします。

（古舘　良純）

係・当番活動
レベルアップ作戦

1 ポスターを作成して，活動を宣伝する

　係活動に取り組むことに慣れてきたら，ポスターで活動を宣伝して，クラス全体を巻き込んでいきましょう。ポスターを作成するときには，いきなり子どもたちに丸投げするのではなく，下の写真のように見本を作成しておくと，子どもたちはそれを土台にいろいろと工夫しながら作成することができます。これは Keynote で作成していますが，各校に整備されている１人１台端末に入っている純正のプレゼンテーションアプリであれば，同じように作成することが可能です。

★クイズ係の仕事★ 20分休みや昼休みにクイズ大会を開さいします。 クイズを通して2組のみんなが楽しくすごせるようにがんばります！ ★大事なお知らせ★ 2月10日(金)のお昼休みにクイズ大会を開さいします！ ぜひ参加してください！ ・時間：13時15分〜 ・場所：6年2組の教室	６年２組　クイズ係
メンバー写真	

6年2組 クイズ係

★クイズ係の仕事★

20分休みや昼休みにクイズ大会を開さいします。
クイズを通して2組のみんなが楽しくすごせるようにがんばります！

★大事なお知らせ★

2月10日(金)のお昼休みにクイズ大会を開さいします！ぜひ参加してください！

・時間：13時15分〜
・場所：6年2組の教室

★メンバー★

メンバー写真

2　係活動の内容を改めて見直す

　3学期のはじめには，係活動の内容を改めて見直します。2学期までの内容と大きく変更する必要はありませんが，1・2学期と学級で生活する中で「この係があった方がいいんじゃないかな？」「これはなくても大丈夫だよね」というものが出てきます。そういった子どもたちの考えを取り入れながら学級づくりをしていくことで，年度末までの残りの期間でクラスとして一層成長していくことができます。ここでの係活動とは，配達係や保健係のようにクラスに必要な仕事として行うものを指します。レク係や新聞係のような，子どもたちが創意工夫して自主的に行うものとは区別しています。

　係の内容を見直すポイントとしては，1人1役のイメージで，どの仕事もやることが明確になっているということです。配達係は人手がいるので4人にしていますが，それ以外は下の写真のように仕事内容を細かく分け，1人〜2人でできるようにしています。

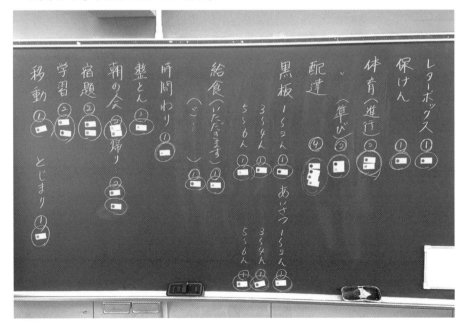

3 引き継ぎカードで下学年に引き継ぐという視点をもたせる

　この時期になると，掃除当番にも慣れて，モチベーションを上げるというのは難しくなってきます。しかし，慣れている６年生だからこそ，大事なポイントを下の学年に伝えるということができます。

　下のようなカードを準備し，今の掃除当番の手順やポイントを記した引き継ぎカードを作成することを伝えます。記入する内容は，「掃除の手順」「ポイント」「６年生からひと言」など，子どもの実態に応じて考えます。

　また，伝えてすぐに作成するのではなく，伝えてから１～２週間の考える期間を取ります。その期間に，「今の掃除の仕方で本当にきれいになってる？」「もっとこうした方がいいんじゃないかな？」と自分たちで考える瞬間が生まれます。

　基本的には教師主導で行われる当番活動も，子どもたちが考え，工夫したくなるしかけを施すことで，一段レベルアップさせることができます。

そうじ当番引きつぎカード
6年1組
【2班】　　名前

① 「　　　　　　　　　　　　」そうじの仕方・手順

② そうじのポイント

③ 6年生から一言

---

4 卒業に向けた願いを形にする

卒業を意識し出す時期です。残りの小学校生活での子どもたちの願いを引き出し，形にする中で，クラスの係活動をレベルアップさせていきましょう。

まずは，「残りの期間をよりよく過ごすアイデアを募集します！」と子どもたちに伝え，クラスにポストと願いを書く紙を設置します。ポストはダンボールに画用紙を貼ったシンプルなもので構いません。挙手形式にしないのは，「みんなの前で言うのははずかしい」という子の声も聞くためです。

1週間ほど経過した後に，ポストに入っている願いを公開し，どうすれば叶えることができるかクラスで話し合っていきます。そして，中心になって進めたい子どもたちで「お楽しみ会企画係」「漫才係」「クラス新聞係」などを立ち上げ，「いつ，どこで，どんな内容で」行うのかを検討していきます。

教師が主導する方がスムーズに進みますが，可能な限り子どもたちに任せて補助に徹することで，係活動としてのレベルアップにつながります。

（西尾　勇佑）

2月の学級経営のポイント

1 最後の授業参観は「時間」と「形式」を意識する

　最後の授業参観は「将来の夢」などの個人発表がメインだと思います。ここで意識したいのは「時間」と「形式」です。

　まず「時間」から見てみましょう。30人学級の場合，45分の枠に授業を収めようとすると1人約1分の発表です。それではあまりに短いとなると，3グループに分けて1人約3分にする方法もあります。ただ3会場に分けると人数が少なくなり，少し寂しくなりますね。すると6年生は個人発表をする場合，そもそも1コマでは足りないことがわかります。早くから教務主任に相談していれば，6年生だけ2コマに増やすのは可能でしょう。

　また「形式」も重要です。保護者は発表を聞くだけでしょうか。それではもったいないです。1クールごとにグループに入り，子どもたちと感想を伝え合う時間が少しでもあるとよいですよね。すると，グループの人数，構成，机の配置にも工夫が必要そうです。

　発表の「内容」にこだわるあまり，時間や形式は軽視されがちです。計画の段階から具体的に話し合う必要があります。

2 最後の懇談会はちょっとした「ひと手間」をかける

　最後の授業参観に引き続き，懇談会も最後です。感謝が伝わる会にしたいところですが，準備になかなか時間が取れないと思います。そこで，私は懇談会の最後に1年間のスライド写真を作成して見せるようにしています。6年生はすでにアルバム制作で写真データをたくさん持っているはずですから，簡単につくることができます。コツは写真を動画編集ソフトにインポートし，音楽を加えて1つの動画として仕上げること。音楽があるだけで雰囲気が全然違います。時間があればタイトル・エンドロールをつけて，最後に感謝のメッセージが流れるようにしておくと最高です。最後に子どもたちのメッセージ動画などがつけられるともっと最高ですが，これは時間に余裕があるときにしかできません。一度動画をつくっておけば，少し手を加えるだけで子どもたち用の動画に様変わり。卒業式前の待ち時間や最後の学級活動のときに見せることができます。保護者会に来られない方もいるので，卒業式の終わりに再度流したりするのもよいと思います。

3　教育相談では友だち関係について　細かく話を聞く

　3学期の教育相談は友だち関係について詳しく聞いておきましょう。3学期の教育相談は自然に子どもたちから話を聞き出せるラストチャンスです。何を・どのように聞くかは学年で相談する必要がありますが，できれば過去の指導の記録や教育相談の記録を読み返し，今までにあったトラブルやこれまでの友だち関係を把握しておくとよいでしょう。ここで聞き取った内容は中学校のクラス替えで必ず役に立ちます。クラス替えの仕方は地域によって異なるとは思いますが，中学校に新クラスを提案する場合には，友だち関係には格段の配慮が必要です。

4　制作関係は2月上旬から中旬の　完成を目指す

　6年生は何かと制作が多いので，2月中旬には終わるように余裕をもって計画を立てましょう。インフルエンザ等で学級閉鎖になることなども念頭に置かなくてはいけません。卒業制作は主に「自分たちへ」「先生方へ」「在校生へ」の3つがありますが，渡す時期などを踏まえ，優先順位をつけて取りかかりましょう。また，大がかりなものは制作内容を変更したり，PTA役員の方々に手伝ってもらったりする必要があるでしょう。制作に時間を割くあまり，卒業までの貴重な時間が損なわれては本末転倒です。

（須永　吉信）

2月

将来の夢は…

3月の
学級経営の
ポイント

1 だれにどんな感謝を伝えるかを ともに考える

　小学校生活も残すところわずかです。3月はぜひお世話になった方々に感謝ができる月にしたいものです。感謝は謙虚な心の持ち主にしかできません。教師が子どもたちに「感謝させる」のではなく、教師も子どもたちと一緒になって感謝できるクラスを、ここまでにつくり上げたいものです。学級会で「感謝」について取り上げてもいいですね。ここまで自主性・主体性を大切にしてきたクラスなら、きっと充実した話し合いができるはずです。もう十数年前ですが、6年生たちが配膳室に集まって「6年間、美味しい給食をありがとうございました！」とあいさつをしている姿を今でも覚えています。その子たちは先生に言われたわけではなく、「去年の6年生がやっているのを見ていたから、自分たちもやりたかった」のだそうです。私はこういう姿が6年生として「最高」だと思います。もちろん、このようなエピソードを子どもたちに伝えて、ヒントにするのはよいと思います。いずれにせよ、子どもたちの自主性・主体性の光る最後にしたいものですね。

2 学級会で卒業式について話し合う 時間を取り、事前指導を行う

　3月は卒業式の全体練習が始まります。全体練習では卒業式の意味や心構えが語られることは少なく、すぐに練習に突入します。練習がメインだから当然です。特に6年生は事前指導をきちんとしていないと、子どもたちに恥をかかせてしまうので注意が必要です（私には苦い経験があります）。そこで全体練習が始まる前に、まず卒業式の意味や意義について話し合う時間を取るようにします。中には「みんなが参加するから参加する」くらいにしか考えていない子もいます。意味や意義はそれぞれでよいと思いますが、一人ひとりが自覚的でないといけません。さらに6年生は他学年のお手本になる必要があります。必要に応じて事前に学年練習をしておき、6年生のよい姿を下学年に見せられるようにするとよいと思います（授業との兼ね合いもあるのでほどほどにですが）。また、全体指導は多くが教務主任主導で行われると思います。あらかじめ動きや言葉などの指導ポイントを教務主任に聞き、共通理解しておくと全体練習の進行がスムーズになります。

3 中学校のクラス替えは時間を捻出し，余裕をもって行う

中学校のクラス替えを行う場合は，時間を捻出して余裕をもって行います。必要に応じてこれまでの担任の先生や管理職にも相談する必要があります。私の場合は，友だち関係を重視し，なるべくどの子も１人にならないように配慮しています。考え方はそれぞれあるかと思いますが，私は「新しい環境で挑戦させよう」などというスタンスは絶対に取るべきではないと思います。中学校に進学後，４月の段階で不登校になってしまう場合が今は少なくありません。心配されていた子に限らず，「なぜあの子が不登校に？」というケースも多く見聞きします。

4 卒業式の最後の学級会では，１人１スピーチを実施する

最後は私のこだわりになりますが，卒業式の最後の学級会では，ぜひ１人１スピーチの機会を確保してほしいと思います。卒業式は人数の関係上仕方がないのですが，自分の気持ちを伝える機会がありません。場合によってはひと言も言葉を交わさずに卒業する子も出てしまうでしょう。やはり最後は自分の思いを自分の口で伝えて立派に卒業してほしい，という思いが私にはあります。もちろん最後には自分も心を込めてスピーチをします。もし時間がなければ，事前に手紙に書いてもらうのでもよいと思います。

（須永　吉信）

感動の卒業式
５つのポイント

1　３つのことを意識して合唱指導をする

ゴールと現在地を共有しながら，自分たちの声を見える化するなど，主観と客観で子どもたちの歌声を育てる。

2　門出の言葉を自分たちでつくる

０から子どもたちとともにつくる。子どもたちがつくった言葉だからこそ，その想いが言葉にのる。

3　自分ならではの方法で一人ひとりに贈る

自分らしい方法で，今まで続けてきた取組の延長線上で演出を考える。

4　１年間のプロセスを可視化する

教室をつくってきたプロセスを生かして，卒業式当日の演出を考える。

5　子どもの心に届く言葉で語る

自分の本心で，子どもたちに届く言葉を選んで語る。最後の瞬間は担任の言葉で締め括る。

1 　3つのことを意識して合唱指導をする

　卒業式では，どの学校でも合唱をするはずです。合唱指導は，経験がない先生だとなかなか難しいところです。声が出ていないことに焦り，叱咤激励ベースの指導だと，子どもたちが辛くなります。ではどうすればいいのでしょうか。私は，いつも3つのことを意識してきました。

・ゴールと現在地を共有すること
・即時に多数プラスのフィードバックをすること
・自分たちの声を見える化すること

　ゴールと現在地の共有によって力が生まれることを「創造的緊張」と言います。このギャップがあるからこそ，自分たちで伸びようとします。創造的緊張を生むために，クラス全体でゴールと現在地を確認しました。そしてその間に，個人の目標を描き，視覚化（次頁）していました。

　こうすることで，振り返りをする際も，この個人目標に戻ってくることができます。一人ひとりの想いを視覚化していることで，練習する仲間が大事にしたいことも知ることができます。想いの共有をすることは歌声にも響いてきます。

　2番目は，即時に多数，プラスのフィードバックをすることです。OKマークを出しながら，短くプラスのフィードバックを繰り返していました。できていないところじゃなくて，できているところを伝える，どれだけの量を送れるかが大事なポイントです。プラスの指導が前提であれば，たまに厳しい指摘が入っても，大丈夫です。

　最後は，自分たちの声を見える化すること。自分たちの声は客観的に聞くことができません。iPadや視聴覚機器を使って，自分たちの声を録音します。教室での練習では輪になって，お互いの歌っている表情を見える状態で練習します。そうすることで，子どもたちは自分たちの姿を振り返り，上達していきます。リフレクションの語源は「鏡で自分の姿を映すこと」。鏡になる部分の環境を，先生は整えていけるといいですね。

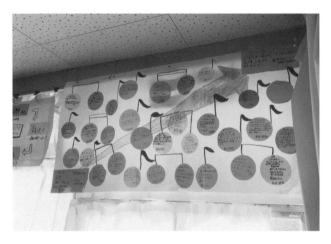

2 門出の言葉を自分たちでつくる

卒業生を担任した年は，門出の言葉は必ず一からつくっていました。前年とほぼ同じものを採用している先生もいるかと思いますが，門出の言葉こそ，その学年の想いを込められる卒業式最大の見せ場だと思います。ぜひ先生も加わり，自分たちでつくることを意識しましょう。

子ども自身がつくった言葉は，自分の想いを乗せやすくなるはずです。言葉を作成するのは実行委員になることが多いですが，クラスごとに分担して，なるべく多くの子が関われるようにしていきます。そうすることで「自分ごと」になる子どもたちが増えてくるはずです。

水泳大会や，市町村で代表選手が走る体育大会など，出席した子どもたちが立って目立つところも増やします。修学旅行では実行委員全員が立って，1人が言葉を言うなど，多くの子の見せ場をつくります。

また練習中に，言葉を少し変更したいという申し出もうれしいですね。その子らしい表現の工夫ができると，自分自身の言葉で語れます。練習する中で，だんだんとその言葉に力が入ってくる…。そんな瞬間を担任は捉えたいです。

3 自分ならではの方法で一人ひとりに贈る

いつでも一人ひとりを大事に指導してきました。「１対30」より「１対１を30回」です。担任をしてきた子どもたち一人ひとりは，大事にされてきた実感を伴って，卒業式の舞台に立とうとしているでしょうか。

「一人ひとりではなく，クラスとしての『まとまり』を相手に，子どもたちに指導してはいないだろうか」「クラスをまとまりとして見すぎてはいないだろうか」。私は常々，そこに戻ります。

ある年，最後の日の朝は，一人ひとりへのメッセージを机に置くことで卒業式という門出の日を祝いました。私自身が小学校６年生のとき，担任の先生に言葉をもらったことをいまだに覚えているからです。この年は一人ひとりへのメッセージを，一筆箋で毎月贈ることを１年間続けてきました。その延長線上です。この日だけを特別にするのではなく，１年間の取組を，卒業式当日につなげていくこと…大事にしたいものです。

「青山先生なら，やっぱこうだよね」

そう子どもたちに思ってもらえていたら…，うれしいですね。

4 1年間のプロセスを可視化する

　前頁の写真を見ると，黒板には，桜になるように，今までの学級通信を1枚ずつ印刷して貼ってあることがわかります。この年の学級通信はすべて手書きでつくっていました。パソコンが得意な自分が，あえて手書きにしたのには意味があります。

・私自身も苦手なイラストを練習している姿を見せること
・手描きにすることで，いつでもどこでも描けて，子どもたちが通信の中に登場しやすいこと
・味がある手書きの字の魅力があること

　手書きのおかげで，前年までモチベーションを保てなかった学級通信も続けることができました。子どもたち自身も，漫画プロジェクトをはじめとして，たくさんの作品が学級通信に登場することになったのです。

　この通信には1年間のプロセスがすべて詰まっていました。

　4月から始まり，運動会で優勝したこと。みんなで行った修学旅行。10月に開かれた体育大会では，長縄記録会でクラス最高新記録を出したこと。周年行事での取組も大成功だったこと。そういったプロセスをこの日に可視化することができました。

　通信じゃなくても，1年間のプロセスを可視化することはできると思います。今までに達成したものを学級目標とともに飾ってきたクラスでは，それを黒板に貼り付け，最後の日を祝うこともできます。または一人ひとりの名前や絵を飾っているクラスだったら，それを教室前面に出してお祝いすることもできます。

　このプロセスの可視化にも，子どもたちが関わることができたら，さらに自分たちでつくる卒業式に近づくのではないでしょうか。

　丁寧に続けてきたクラスとしての取組はどんなことでしょうか。今一度振り返って，何を視覚化できるか，考えてみましょう。

5 子どもの心に届く言葉で語る

　卒業式後の最後の瞬間，いつも自分の言葉で子どもたちに伝えてきました。

　担任の言葉というのはいつも力があるものです。特にこの卒業式の日に話した言葉は，「今でも覚えています」と言ってもらえることが多いのです。

　教員時代，最後に6年生を担任した年，卒業式後に話したのは，「挑戦というのは時に痛みを伴うこと。毎日の安全地帯から一歩踏み出すことは，痛みを伴うけど，たくさんの新しい世界を見せてくれます。今年1年，皆さんにはたくさんの挑戦を見せてもらいました。

　（実際に起こったことなどを話す　省略）

　大人だって負けていません。私もここ1，2年で大きなチャレンジゾーンに出ようと思っています。正直言うと怖いです。だれも見たことがないこと，前例がないこと，そういう世界に踏み出すのには勇気が必要です。

　大人の私だってそうなのだから，みんなが不安になる気持ちも，恐れる気持ちもよくわかる。ただ，未来があるみんなだからこそ，前に踏み出し続けてほしい。挑戦する大人の背中を見て，自分にとっての心が震える瞬間は何かを知る日がある。そんなときは，勇気を持ってみんなも一歩を踏み出してほしい」

　そんな話をしました。

　現在私が働いているオルタナティブスクールのヒミツキチ森学園の仲間とも出会う前だったのですが，なんとなく大きな挑戦は自分の中で予感していたのだと思います。子どもたちの前で，感謝とともに，本気で届く言葉で伝えることができました。

　皆さんも，毎日毎日，何かしら言葉で伝えてきたと思います。その1/365のひと言です。でもそれが日常とつながった，「今まで大事に伝えてきた言葉」の集大成であり，自分の本心からくる言葉であれば，子どもたちの心にもきっと届くはずです。

（青山　雄太）

1年間の振り返り

1　学級づくり

　6年生は3月になると卒業を迎えます。しかし，無事に6年生を送り出したとしても，数日後にはまた新たな場所で新たな子どもたちと一緒に物語をつくっていかなければならない方がほとんどだと思います。だからこそ，時間は限られていますが，教師としての1年の営みを振り返り，次年度に生かしていけるようにしていくことが大切です。指導力のある教師は，社会的状況・子どもの実態・そして自分の個性をメタ認知し，自己内対話を重ねていく中で成長していくと言います。そういったことの繰り返しが，教師としての力量向上につながっていくのです。

　これは学級づくりにおいても同様のことが言えます。よい学級は偶発的につくられるものではなく，意図的，計画的に育てるものだからです。そして，それを実現するのは，教師の確かなビジョンとそれに基づく一貫・継続した取組が必要になります。ここでは，教育的成果を上げ，学級集団のゴール像と呼ばれている「自治的集団」の姿と照らし合わせて，ご自身が担任された学級を振り返ってもらえればと思います。

　自治的集団とは，自分たちの生活上の諸問題に自ら気づき，解決することのできる集団を指します。学級が自治的集団になると，子どもたちが協働的に「問題の発見→課題の整理→話し合い→解決策の決定→振り返り」からなる問題解決のサイクルをまわすことができるようになります。学級が自治的集団として成熟すると，「協力し合って主体的に学ぶ子どもたちの姿」や「自らの生活を自らの手でつくる子どもたちの姿」など，教師の想定を簡単に超えて活動する子どもたちの姿が目立ちます。まるで青春ドラマを見てい

るような感覚になります。ですが，このような学級集団を実現するためには，1年間を通じた戦略的な取組が必要になります。そしてそれは，変革の時代を生きる子どもたちにとって必要となる力をつけるための，学校教育におけるリアルな選択なのです。

一方で，気をつけなければならないこともあります。それは，学級経営の充実や自治的集団づくりは，その集団をつくることが目的ではなく，前提条件だということです。つまり，よい学級をつくることが目的ではなく，よい学級をつくった先に，個の学びや個の成長を最大化することが可能になるのです。

以上の点を踏まえて，次のような視点で1年間を振り返ってみましょう。

□困っている友だちがいたら声をかけたり助けたりする雰囲気があるか。
□互いのよさを認め合える雰囲気が醸成されているか。
□勉強や行事など，いろいろな活動にまとまって取り組んでいるか。
□教師は，子どもの状況に応じて対話し，臨機応変に指導を調整できているか。
□教師は子どもたちの活動に適切にフィードバックを行っているか。
□子どもたちは，男女問わずだれとでも仲良くできているか。
□意見が合わない友だちがいても，受け入れようとする雰囲気があるか。
□学級活動や行事では，一部の子だけでなく，いろいろな子が活躍しているか。
□学級のルールや目標をみんなで話し合って決めることができるか。
□学級のほぼ全員が，リーダーシップを発揮できているか。
□何か問題が起きたときに，教師に頼らなくても子ども同士で話し合って解決することができているか。
□子どもたちは中学校生活に向けて，ポジティブな思いや見通しをもつことができているか。

2 授業づくり

　現行の学習指導要領においては，小・中・高等学校の連続性の中で，学級やホームルーム経営の充実を図り，学びの環境を整えていこうという方針が指摘されています。これは授業づくりにおいても同様で，小・中・高等学校において，学習者主体の授業展開（アクティブ・ラーニング）が求められています。

　それでは，アクティブ・ラーニングを実質化するためには，どのような要因が必要なのでしょうか。例えば，河村（2017）は，成果を上げる授業改善として次の3点が必要不可欠であると指摘しています。

(1)そのレベルの学力・思考力や，協同意識とソーシャルスキルを有したメンバー
(2)(1)のようなメンバーで構成された，フラットで柔軟で活発な交流のある「学級集団」
(3)メンバーの自由な思考活動と相互作用をさりげなくリードできる，自律性支援的なリーダーの対応

　これらを見ると，アクティブ・ラーニング型の授業で成果を上げるためには，質の高い学級集団づくりと授業づくりは一体的に充実させていく必要性が見て取れるかと思います。

　小学校6年生は，算数や国語も授業が複雑化するため，ついていけない子も複数出てきます。学力差が開き，得意な科目と不得意な科目の差が大きくなるのもこの時期です。だからこそ，困ったときには「わからないから教えてほしいんだけど」「この問題難しいから，一緒に解かない？」と声を出せる関係性や雰囲気が大切になってきます。

　これらのことから，単に「授業づくりがうまくいったか」「子どもたちの学力を伸ばせたかどうか」で振り返るのではなく，学級づくりと授業づくり

を1つのカリキュラムとして捉え，そのカリキュラム全体を振り返ることが必要であると考えられます。

　以上の点を踏まえて，次のような視点で1年間を振り返ってみましょう。

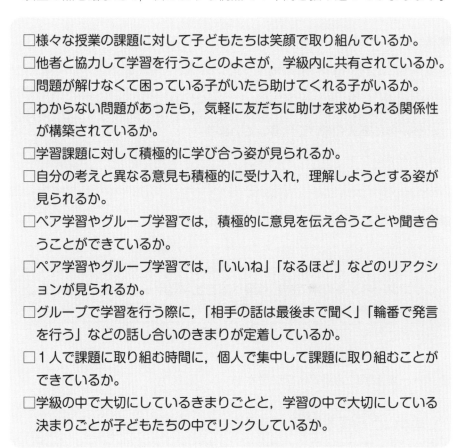

□様々な授業の課題に対して子どもたちは笑顔で取り組んでいるか。
□他者と協力して学習を行うことのよさが，学級内に共有されているか。
□問題が解けなくて困っている子がいたら助けてくれる子がいるか。
□わからない問題があったら，気軽に友だちに助けを求められる関係性が構築されているか。
□学習課題に対して積極的に学び合う姿が見られるか。
□自分の考えと異なる意見も積極的に受け入れ，理解しようとする姿が見られるか。
□ペア学習やグループ学習では，積極的に意見を伝え合うことや聞き合うことができているか。
□ペア学習やグループ学習では，「いいね」「なるほど」などのリアクションが見られるか。
□グループで学習を行う際に，「相手の話は最後まで聞く」「輪番で発言を行う」などの話し合いのきまりが定着しているか。
□1人で課題に取り組む時間に，個人で集中して課題に取り組むことができているか。
□学級の中で大切にしているきまりごとと，学習の中で大切にしている決まりごとが子どもたちの中でリンクしているか。

【参考文献】

・河村茂雄『アクティブラーニングを成功させる学級づくり』誠信書房

（水流　卓哉）

3学期の通知表文例

●意見をつなげて話せる子ども

> 授業で発言をする際,「○○さんの意見に付け足して」「○○さんとは違っていて」など,前に出た発言と比べて自分の発言をしています。友だちの考えをよく聞いて発言しています。

友だちの意見を聞いている姿を具体的に評価し,保護者に伝えます。

●学校での学習を自主学習でさらに深めた子ども

> 社会では,ブラジルの暮らしや習慣などの様子に関心をもち,自主的にインターネットや本で詳しく調べて自主学習ノートにまとめました。

自主的に学習に取り組み学びを深めたことを評価します。

●ノートを上手に活用できない子ども

> 集中してノートを取る○○さんの姿には,好感がもてます。今後は,自分にとって何が大切かを考えて,必要なことを記録できるとよいでしょう。

できているところを積極的に認め,そのうえでがんばってほしいところを伝えます。

●クラスのために行動してくれる子ども

　卒業の前までの間，定期的にクラスあそびを提案し，みんなで一緒にいられる時間を大切にしようという思いを共有することができました。

残された時間を大切にしたいという思いを評価します。

●下級生に優しい子ども

　下級生との清掃では，いつも言葉や表情が優しく，下級生が自分たちで掃除ができるようにと，同じ班の友だちと協力して下級生たちに丁寧に掃除の仕方を教えていました。

最上級生らしく，下級生たちのことを考えて行動していたことを伝えます。

●時間を大切にする子ども

　朝の会の時刻になると，全体に声をかけて自ら進んで会を進行できます。時間を大切にしようとする姿勢がクラスによい影響を与えました。

自主的にとった行動が，クラスによい影響を与えていたことを伝えます。

●正しい判断と行動をするが，あまり目立たない子ども

　いつも先を見通して行動を考えています。休み時間の間に授業の準備をしたり，教室を整えたりすることができています。

先のことをよく考えて行動する姿を，その子のよさとして伝えます。

3月

●クラスの友だちに優しい声かけができる子ども

> 長縄跳び大会では，跳ぶのが苦手な子がいれば，「大丈夫だよ」「今の
> よかったよ」と声をかけ，励ましていました。○○さんのクラスを思う
> 姿は，みんなから厚い信頼を得ています。

実際に発言した言葉や行動を示すことで，具体性が増します。

●合唱で心を込めて歌った子ども

> 感謝の会では，今までお世話になった方々に向けて，これまで休み時
> 間や昼休みなどに友だちと練習してきた歌を合唱でプレゼントしました。

感謝の気持ちを伝えようと努力していた姿を評価します。

●感謝の気持ちを伝えられる子ども

> 学習発表会では，実行委員として活躍しました。発表の後，クラス全
> 体に「ありがとう」と感謝の気持ちを伝える姿に，心を打たれました。

まわりの人への感謝ができる姿に感動したことを素直に表現して伝えます。

●最後まで取り組めずに飽きてしまう子ども

> 卒業式の練習を重ねるにつれ，どんどん真剣に臨むようになってきて
> います。呼名の返事や話を聞く態度もとても立派です。

がんばっているところを見つけ，成長の過程を伝えるようにします。

●クラブ発表会を盛り上げようと計画した子ども

> クラブ発表会では，クラブ活動の説明と一緒に体験活動を用意するように提案していました。3年生にとって，有意義な時間になるように，楽しい活動を計画していました。

会を見に来てくれている下級生の立場に立って，その気持ちを考えた行動を評価します。

●積極的に自分の意見を発言する子ども

> 児童集会の内容を決める活動のときには，積極的に自分のアイデアを発言しながら友だちの意見もうまくまとめ，全校児童で遊ぶ内容を決めることができました。

全校で行う行事に，自分事として積極的に関わることができている姿を伝えます。

●当番活動を忘れないように工夫する子ども

> 給食当番では，一緒のグループの友だちに「自分が当番を忘れていたら，声をかけて」とお願いしていました。○○さんなりに忘れないように努力している姿勢が立派です。

自分にとって苦手なことでも，克服しようとしているその子のがんばりたい気持ちを応援します。

（五十嵐太一）

【執筆者一覧】

坂本　良晶 (京都府公立小学校)

須永　吉信 (栃木市立岩舟小学校)

鈴木　玄輝 (山形県教育局村山教育事務所)

加倉井英紀 (福島市立野田小学校)

渡邉　駿嗣 (福岡教育大学附属福岡小学校)

荒畑美貴子 (NPO法人 TISEC)

前多　昌顕 (青森県つがる市立森田小学校)

篠原　諒伍 (北海道網走市立南小学校)

渡邉　育美 (越谷市立大沢北小学校)

鈴木　優太 (宮城県公立小学校)

サンバ先生 (公立小学校)

古舘　良純 (岩手県花巻市立若葉小学校)

垣内　幸太 (大阪府箕面市立箕面小学校)

宍戸　寛昌 (立命館中学校・高等学校)

桑原　麻里 (宮崎市立江平小学校)

中村　優輝 (奈良県大和郡山市立平和小学校)

青山　雄太 (ヒミツキチ森学園)

北川　雄一 (東京都公立小学校)

水流　卓哉 (愛知県豊橋市立二川小学校)

日野　　勝 (宮城県仙台市立片平丁小学校)

五十嵐太一 (栃木県宇都宮市立豊郷中央小学校)

藤原　友和 (北海道函館市立万年橋小学校)

駒井　康弘 (青森県弘前市立堀越小学校)

土師　尚美 (大阪府池田市立秦野小学校)

日野　英之 (大阪府箕面市教育委員会)

工藤　　智 (大阪府箕面市立西南小学校)

横田　富信 (東京都世田谷区立代沢小学校)

有松　浩司 (広島県竹原市立忠海学園)

西尾　勇佑 (大阪府守口市立金田小学校)

【編者紹介】
『授業力&学級経営力』編集部
（じゅぎょうりょく&がっきゅうけいえいりょくへんしゅうぶ）

『授業力&学級経営力』

毎月12日発売

教育雑誌を読むなら
定期購読が、こんなにお得

特典1 年間購読料が2か月分無料
月刊誌の年間購読（12冊）を10か月分の料金でお届けします。
※隔月誌・季刊誌・臨時増刊号は対象外です。

特典2 雑誌のデータ版を無料閲覧
紙版発売の1か月後に購読雑誌のデータ版を閲覧いただけます。
※定期購読契約いただいた号よりご利用いただけます。

1年間まるっとおまかせ！

小6担任のための学級経営大事典

2024年3月初版第1刷刊　©編　者 『授業力&学級経営力』編集部
発行者　藤　原　光　政
発行所　明治図書出版株式会社
http://www.meijitosho.co.jp
（企画）新井皓士（校正）山根多惠・丹治梨奈
〒114-0023　東京都北区滝野川7-46-1
振替00160-5-151318　電話03（5907）6701
ご注文窓口　電話03（5907）6668

＊検印省略

組版所　広　研　印　刷　株　式　会　社

Printed in Japan　　ISBN978-4-18-370621-8
もれなくクーポンがもらえる！読者アンケートはこちらから